「成功している男」の服飾戦略《プレゼンス・マネジメント》

PRESENCE MANAGEMENT

ファッション・プロデューサー
しぎはらひろ子

三笠書房

まえがき……男の運命は「見た目」で変わる

本書は、**「男の見た目は戦略である」**というコンセプトのもとに著した一冊だ。

この本を読めば、あなたはもう二度と服選びに迷うことはないだろう。

そして、プロフェッショナルとしての自信、信頼、ポジション、収入、そして豊かな人脈など、望むものを手に入れられるはずだ。


これまで、あなたはどのような基準で服を選んできただろうか。

「仕事だから、とりあえず無難な服が安心」

「立場を考えて常識的な服を着れば大丈夫」

「男は見た目ではない」

このように思っている方にこそ、ぜひ本書を読んでほしい。

私はファッション・プロデューサーとして、これまで多くの有名企業でブランド構築や戦略の策定、プロデュース、人材教育などに関わってきた。その間、約八万五千人のプロの販売員やスタイリストにも服飾指導を行なってきたのだが、近年はその経験をメソッド化し、

「服飾戦略術＝プレゼンス・マネジメント」

と名づけ、経営者、作家、医師、講演家など、要職にある人、人前に立つことが多い人をはじめ、ビジネスパーソンのために、**「存在感が際立つスタイリング」**を行なっている。

一度、私のスタイリングを受けた人は、「自分が何を着るべきか」がわかるようになり、それ以降、服選びに迷うことも失敗することもなくなる。

その極意とは、

「自分が何者かがわかる〝アイコン〟としての衣装を決める」

ということだ。つまり、

1　自分が「いかに在《あ》りたいか」を明確にする
2　自分をブランド化する
3　「戦略的容姿」を整えていく

これを正しい手順で行なうと、自分の望むステージ、年収、成功が面白いように手に入る。

「そんなうまい話があるわけない」と思うかもしれない。
しかし、本書では、このメソッドを実践し、成功した事例もたくさん紹介している。

服は「着るもの」ではなく「装うもの」だ。

では、どう装うのか?

「なりたい自分になれる服」を身にまとうのである。

自分の望む人生を手に入れるための「見た目」をどう整えていくか。

「服飾戦略」を通じて、あなたにふさわしい外見を手に入れ、自分の価値を上げ、新たな評価の下で存分に実力を発揮していただきたい。

しぎはらひろ子

もくじ

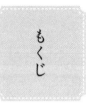

Chapter 02

「見た目」を変えれば人生が変わる
……「その服」は、どんなメッセージを発信している？

Chapter 03

装いで「存在感をマネジメント」する

……一目で「何者かがわかる」外見をつくる

Chapter 04

その無難なスーツでは稼げない

……「市場価値」と「存在意義」を上げる一着の選び方

Chapter 05

「細かいところ」ほど見られている

……ワイシャツ、ネクタイ、カフリンクス――「ここ」を疎かにするな

Chapter 06

「何を着るか」は教養であり知性である

……恥をかかないために大切なこと

Chapter
01

服装には「戦略」が求められている

……「稼ぐ男」になる最短の道とは

服装はまさに人間そのものであって、
政治的信条を表し、生き方を表し、
いわば人間の象形文字である。
そうでなければ、人を表す形式が多々ある中で
つねに服装が最も雄弁に、人を語るわけはなかろう。
……オノレ・ド・バルザック（フランスの作家）

「存在感」はどこから生まれるか

これまで、四十年近く、私はデザイナーとして型紙をひき、またファッション・プロデューサーとして企業や個人のブランディングを数多く手がけてきた。

今、巷《ちまた》でもスタイリストやパーソナルコーディネーターにスタイリングを頼むことがめずらしいことではなくなった。

しかし、彼らにスタイリングを頼むと、その大多数が「相手に好印象を与える」という曖昧《あいまい》な基準で服を選ぶ。

私のやり方は、彼らとは全く違う。

私は、何より**その人の「存在感」をいかにして際立たせるか**、そこに主眼を置いてスタイリングする。

男性、特にビジネスシーンの男性に必要なスタイリングとは、その服を身にまとった人物が、

「一目で何者かがわかる」

ということである。

つまり、知性や専門性、立場といったことはもちろん、自身のポリシーや理念といった内面性が表現された外見をつくり上げるということだ。

⚜プロフェッショナルな男性に必要なこと

私は、これまで多くのプロフェッショナルの男性と知り合ってきた。

そして、自身の専門性や知性、内面の魅力を磨いてきた男性の多くが、ファッションに苦手意識を抱いていたり、服装や外見に無関心だったりすることに驚きを隠せなかった。

しかし、考えてみれば、それは当然のことなのかもしれない。

彼らは、プロフェッショナルとして自身のキャリアを磨き、研鑽《けんさん》を積むことに、ひたすら時間をかけてきたはずだ。服装やスタイリングについて学ぶ時間など、なかったに違いない。

そして「おしゃれ」「好印象」という曖昧な基準しか持たないファッション雑誌を手に取ったとしても、

「流行に流されているだけではないか」

「ファッション業界に踊らされているだけではないか」

と、違和感を覚えてきたことだろう。

しかし、ほんの少し「知識武装」をしさえすれば、**ファッションに隠された「暗号」**が瞬時に読み取れるようになるだろう。

⚜ 知的でロジカルな「服飾の法則」

本書では、流行やトレンド、感性といったものに「呪縛」されているファッション雑誌では決して会得できない**「知的でロジカル」な服飾の法則**をお教えする。それが、

「服飾専門家」である私の使命である。

運転免許を持てばどんな車でも運転できるように、「あなただけのスタイル」を一度マスターしてもらえたら、たとえ流行が変わっても、「自分にふさわしい一着を選ぶ視点」が手に入る。

それが、「服飾戦略」の何よりの強みである。

これまで仕事では成果を出してきたものの、外見に気を遣う時間がなかった、あるいは興味を持ってこなかった人にこそ、この本をお届けしたい……私は、そんな気持ちでこの本を書いた。

成功している人は、もちろん中身も素晴らしいが、その中身を適切に表現するための「外見の整え方」を心得ている。

だからこそ、存在感も、信頼も、地位も、お金も、女性からの賞賛と憧れも、つまり望むものすべてを手に入れられるのだ。

それが、**「稼ぐ人は、なぜ見た目に投資するのか」**の答えである。

服飾戦略という「視点」と「知識」を持てば、あなたの素晴らしい内面を今以上に的確に周囲に伝えることができるのだ。

「内面」×「外見」＝存在感

内面にふさわしい外見が「最強のプレゼンス」をつくる

内面＝志・理想の在り方

・ビジネス上の理念
・ミッション、ビジョン
・精神、知恵、仕事のスキル
・心意気、礼節（マナー）

×

外見＝視覚情報

・服装、小物
・ヘアスタイル
・言葉遣い、話し方
・所作、立ち居振る舞い
・行動、態度

服飾戦略

意図的なスタイリング

★ビジネスの現場で
評価されるのは
「他人がイメージする自分」

存在感＝何者であるか

・内面を映す視覚情報
・相手に認知させる力
・記憶に焼きつく色、形

「自分は何者であるか」を表わす服とは

コンビニでペットボトルの飲料を選ぶ時、何を基準にしているだろうか？

ずらりと並んだ多くの飲料から、ラベルデザインの第一印象で選んでいる人も多いと思う。

しかし、並んでいるお茶にラベルが貼られていなかったら、試飲もできず、香りを確かめることもできない状況で、どうやって自分の飲みたいお茶を選べばよいだろうか。

実はビジネスの場における外見は、この「ペットボトルのラベル」と同じ役割を果たしている。

人は、無意識にあなたの「見た目」から内面を推測し、第一印象として認識する。

しかし、九割のビジネスパーソンが〝ラベルなし〟の状態に等しい「無難な見た目」で人前に出ているのが現実だ。

私にはそれが、商品をその価値が正確に伝わらず、それどころか魅力が半減してしまうラベルデザインで市場に投入しているような、「あってはならないこと」と重なって見える。

⚜「自分の価値」を上げる服、下げる服

「無難な見た目」は、ラベルを貼っていない商品と同じである。

中身（どんな強み、価値があるのか）が伝わらないので、興味を持たれない、選ばれない。

つまり、「その他大勢」で終わってしまうのである。

また、トレンドや感性に頼った服を身に着けてしまえば、「中身はお茶なのに、ラベルがワイン」といったことが起きる可能性もある。

また、破れたラベルやつぶれたパッケージの商品は、値下げしないと売れない。それと同じように、「外見なんか、どうでもいい」と言うのは、自らの価値を下げることにほかならない。

中身に合わない服装で顧客の信用を得られない、選んでほしい人に声をかけてもらえない――そんな例は少なくない。

だからこそ「自分が何者であるのか?」を明確にすることが大切なのだ。

人も「ブランド化」の時代

私がスタイリングをする上で最も大切にしていることは、

「一目で何者であるかがわかる外見を意図的につくり上げること」

だ。

その衣服をまとった瞬間、心にスイッチが入り、自分が何者で、何をすべき人間であるか、そして仕事をする上でのミッションは何であったかを思い出す。

そんな外見をつくり上げるのである。

仕事の依頼を受けた時、私が最初にお送りするのが、クライアントをブランディングするための**「ヒアリングシート」**である（本章末に掲載している）。

私は、高校で産業デザインを学び、多くの「美」には、緻密《ちみつ》に計算された数式が潜んでいることを学んだ。卒業後に勤務した松下通信の研究開発部では、新商品開発のプロジェクトチームの一員として、製品の機能とデザインを追求してきた。

二十三歳でファッション業界に転職してからは、前述したとおり、マーケティングやブランド戦略、人材育成に関わる仕事をしてきた。

そして、最近では**「人もブランド化の時代」**という概念のもと、クライアントの市場価値を高め、ビジネスドメイン（事業展開領域）で最も評価されるための「意匠《いしょう》（視覚情報）としての衣装」をスタイリングするという仕事が多くなった。

⚜衣服に隠された「暗号」

今、部屋に黒いワイシャツ、白いネクタイ、手首には太めのゴールドチェーンという服装の男性が入ってきたら、どのような職業に就いている人物だと想像するだろうか。

また、「光沢のある柔らかな素材の白いワンピース」を着た女性と、「ギラギラ光る素材の真っ赤なワンピース」を着た女性がいたとして、「どちらが社長秘書か」と聞かれたら、どう答えるだろうか。

おそらく、あなたは「服のイメージ」で相手の職業を想像し、答えを導き出したはずだ。

九五％の人が無意識のうちに、「衣服」からその人物の「キャラクター」を認識する。服の怖いところは、まさにここにある。

つまり、自分ではそんなつもりはないのに、

「身に着けている服が語ってしまう」

ことがあるのだ。

自分の「思い」より先に、服があなたを相手に伝えてしまうのである。

そして、そこに気づかずに損をしている男性が非常に多い。

衣服やファッションには、「暗号」が隠されているのだ。そこに気づき、生かしていく――この「視点」を持って服選びをすると、人生の流れが変わっていく。

⚜すべての衣服には「役柄」と「言葉」がついている

たとえば、映画やドラマの衣装は、「配役のキャラクターをわかりやすく表現するファッションであること」という暗黙の掟《おきて》がある。

だから、悪役はいかにも悪者然とした「黒」や「ダークカラー」の衣装が多くなるし、善人や正義の味方には、清廉潔白な印象の「白」や、勝利を示す「ゴールドカラー」が使われていることが多い。

「すべて衣服には、役柄と言葉がついている」

といっても過言ではないのだ。そして、これを逆手に取って、架空の人物になりすますのが、いわゆる詐欺師である。

では、今日、あなたが身に着けている服は、「ドラマの配役」だとしたら、どのようなキャラクターと思われるだろうか。

「第三者目線」で自分の服装から人物像を推測してみてほしい。

それこそが、他者の目に映る「あなたの姿」なのだ。

装いを「アイコン化」していく効果

私たちは日常の中で「警察官」や「客室乗務員」の制服を見て、彼らが何者であるか、任務は何かを認識する。

ビジネスにおける服装とは、着る人の「強み」や「価値」を伝える「視覚情報」そのものだといっても過言ではない。

会社や企業には「経営理念」があり、その存在意義と使命を統一されたイメージ、デザイン、メッセージとしてわかりやすく社内外へアピールするための企業戦略の一つとして、かつて「CI＝コーポレート・アイデンティティ（Corporate Identity）」の重要性について、さかんに言われたことがあった。

コーポレート・アイデンティティは、

1　マインド・アイデンティティ（理念の統一）
2　ビヘイビア・アイデンティティ（行動の統一）
3　ビジュアル・アイデンティティ（視覚の統一）

という三つの要素で構成され、中でも重要なのが、「ビジュアル・アイデンティティ」である。

一目でその企業だとわかる形を表わすビジュアル（ロゴタイプ、トレードマーク、デザイン体系）を統一することで、企業コミュニケーションや視覚的アピールという重要な役割を担っているからだ。

たとえば、赤地に黄色の大きなMを見て、「あっ、マクドナルドだ」と誰もがわかるのは、それが同社の「ビジュアル・アイデンティティ」として、人々の記憶に焼きついているからだ。

内面性が「言語化」された服装とは

マークやロゴとは、企業の掲げる理念や特性を視覚化したものであり、時の変化に左右されることのない普遍性、また競合他社と明確に差別化するための強い独自性を持っているものだ。そのため、「知的財産」として商標登録され、企業の資産として厳重に管理されている。

個人としての服装やイメージも、企業の「コーポレート・アイデンティティ」と同じように、その人の「いかに在りたいか」や「理念」をわかりやすくアピールするものに整えていくことが大切なのだ。

それは、その人の内面性やミッションを「言語化」し、企業のロゴマークのように衣服や小物を使って「装い」をアイコン化していく、ということである。

たとえば、

「品格があり安心感を与えるスーツ」

「知的で緻密なイメージを持つネクタイ」

「冷静で端正な印象を与える腕時計」

といったように。

言語化された服や小物を身に着ければ、自然と背筋が伸びるだろう。

これが、服飾戦略のセオリーなのだ。

ここで重要なことは、

◇自分の内面性やミッションにふさわしい衣服を選ぶこと
◇「一貫した印象」を常に与えること

である。これを実践することで、あなたの内面（志、理想のあり方）や、何者であるかが、他人にしっかり認知される。まわりからの評価も上がるだろう。

そして、まわりからの評価が上がれば、自信につながる。

すると、言動が変化し、あなたの「市場価値」が各段に上がる。

服飾戦略は、「稼ぐ男」になる最短の道でもあるのだ。

「信頼と収入アップ、ビジネスの加速」を約束する服

私が提案する「服飾戦略」は、「パーソナルスタイリストによるスタイリング」とは全く違う。

まず、リピーターはほとんどいない。

「印象がよくなった、おしゃれに見える」という曖昧な評価を得ることもない。

にもかかわらず、口コミで多くの著名人や経営者、ビジネスパーソンがやって来る。

私が提供するのは、ただ一つ。

「一目で何者かがわかる衣装（意匠）」

である。そして、その衣装を身に着けた結果として、クライアントは、

「信頼と収入アップ、ビジネスの加速」

を手にする。

⚜自分の「軸」をはっきりさせる

服飾戦略では、目的を達成するための「見た目」（視覚情報）を整えるために、スーツやネクタイなどの小物の中から、「そのデザインや色が発するメッセージ」が、クライアントの特長、他者に与えたいイメージ、なりたい姿と重なるものを選んでいく。

たとえば、「明るく、情熱的」というクライアントの特長をネクタイで表現するとしよう。

「明るく」を連想させるものには太陽があり、その色は「オレンジ」となる。

そして、色彩心理学で「情熱」という意味を持つのは「赤色」だ。「活力や強いエネルギー」をイメージさせる色で、積極的なリーダータイプの人に好まれる色とされている。

また、「明るい（明るさ）」は、「光沢・艶」を連想させる。

以上から、「明るく、情熱的」というメッセージを発するネクタイを身に着けたいのであれば、艶《つや》やかな素材で、太陽を連想させるオレンジや赤を使ったデザインのものを探し出せばいいのである。

このような形で、自分をブランド化していくためには、まず、

「自分をどんな存在として相手に印象づけたいのか」

を自らが明確にする必要がある。

つまり、自分の目指すべき方向性、軸といったものを本人がはっきり自覚し、言語化するところから服飾戦略は始まるのだ。

「実績と強み」をいかに表現していくか

私の提供する服飾戦略は、まずクライアントの依頼の「理由」と「目的」を知ることから始まる。

それから、仕事内容、プロフィール（仕事の実績、その人の強みや価値）や、「理想の姿」「なりたい姿」を詳しく聞き出していく。

実際にスタイリングに出かける前に、こうしたヒアリングをした上で、**「スタイリング・コンセプト」**を決めていく。

ここにしっかりと時間をかけることで、その人ならではの「存在感」や「唯一無二のブランド」を表現するスタイリングが可能になるのだ。

そのために、クライアントに書いていただくのが、次ページに載せた「ヒアリングシート」である。

なぜ、服装のスタイリングを依頼しているのに、自分のプロフィールや座右の銘、ミッションなどを書かなくてはいけないのかと、少なからぬ男性が困惑する。

しかし、実際にこのシートに向かい合ううちに、すでにビジネスで素晴らしい結果を出している方も含め、九五%のクライアントが、

「自分のスーツを選ぶために、ここまで考えたことはありませんでした。でも、実際に書いてみることで、自分の進むべき方向が明確になりました」

と晴れやかに答えてくださる。

本来、**「意匠」（衣装）とは、「中身を明確に視覚情報化したもの」**である。

「服飾戦略」のスタイリングを受けることでクライアントが得られるものは、

「ビジネス上の衣装（意匠）」

「自分が何を着るべきかわかる」

ヒアリングシート

8. 自分の長所をさらに磨き、「魅力」「武器」としたいことはありますか。
（例 笑顔をほめられるので、苦しい時も笑顔を絶やさない強い心を育てたい）

9. 1年以内に具体化したい「将来の夢」はありますか。
（例 コンサルタントとして起業し、会社設立を目指している）

10. 自分が参考にしたい著名人、偉人を3名ほど挙げ、
どのような部分を取り込みたいのか書き出してください。
（例 渡辺謙の存在感、茂木健一郎の知性、松下幸之助の向上心）

11. 人からどのような人と言われたいですか。
（例 信頼される知的でチャーミングな経営者）

12. 職業上、必ず入れておきたいキーワードは何ですか。
（例 信頼、聡明、親切など）

13. 好きな色、嫌いな色は何ですか。

14. ビジネス上、イメージカラーとしたい色はありますか。
（例 癒し ⟶ グリーン系）

15. 「3年後の自分の姿」を簡潔に紹介してください。
（例 クリエイティブ業界専門の会計士・税理士事務所長として、60社の
顧問を務め、執筆した書籍は累計80万部、セミナー動員数は延べ5万人）

氏名

年齢

ご職業

◆依頼の目的

●スタイリングを依頼された動機、解決したい悩みは何ですか?

●スタイリングをすることで「得たい効果」を3つ、
優先度が高い順にお知らせください。
(例 1. 収入のUP　2. 認知度向上　3. 女性からのモテ)

◆「理想の自分」について

1. プロフィール
(HP、フェイスブック、ブログ等でお使いのプロフィールがある方は添付してください)

2. 1行キャッチコピー(自分の「強み」と「価値」)

3. 座右の銘

4. ミッション(使命と感じていること)

5. ビジョン(理想とする姿)

6. どのような第一印象を持たれますか。

7. 避けたい印象となる言葉は何ですか。

「唯一無二の存在感」

という三点だ。

さらに、現在を起点に将来の自分を描き、一足先に〝未来の自分が着ている衣装〟を身にまとい、その衣装にふさわしい行動をとることで、内面に変化が起こり、望む結果をより早く手にすることができるのだ。

服装が人の意識に与える影響は、想像以上に大きい。自分に自信の持てる服を身に着ければ、言動も変わる。

実際、多くのクライアントがそれを証明してくれているのである。

Chapter

02

「見た目」を変えれば人生が変わる

……「その服」は、どんなメッセージを発信している?

何を着るかは世間に存在を示すこと。特に今の時代、
人に届くのはとても早いから、ファッションは即興の言語になる。
……ミウッチャ・プラダ（ファッションデザイナー）

「服飾戦略」を活用して成果を上げる

さて、この章では、私のスタイリングを受け、「服飾戦略」を活用することで、仕事での成果が上がったビジネスパーソンの具体例を紹介していこう。

CASE 01 「知性とキレのよさ」を強調して次々と結果を出したITコンサルタント

H氏は、クラウドサービスで急成長するITベンチャー企業の経営企画部長。

大学では電子工学を学び、エンジニアとして大手企業に就職したが、急成長するクラウド関連企業にヘッド・ハンティングされ、三十代半ばで大手企業向けの営業部を任されている。

「プレゼンの場で、競合他社の社員の前でも、堂々と振る舞えるスタイリングをお願いします」

と依頼にみえられた。「ヒアリングシート」の書き込みを見ると、ロジカルで簡潔、わかりやすい文章が印象的だった。

「目的」も明確で、スタイリング・コンセプトは、

「シャープな頭脳を持つ、冷静で大胆なコンサルタント」

とした。

スタイリング当日に現われたH氏は、リクルートスーツのようないで立ち。そのため、メールでやりとりをした時の「知的で聡明な人」という印象や、爽やかな内面がまるで感じられない。

聞けば、エンジニア時代が長く、洋服には無頓着できたとのこと。

そこで、まずは自身のスーツやシャツの正しいサイズ、ネクタイの結び方などをお教えしながら、スタイリングすることになった。

「スタイリング・コンセプト」にのっとった〝小物〟の効果

ヒアリングシートで具体化した、
「知性、冷静、シャープさ、キレのよさ、迷いがない」
といったキーワードをガイドに、まずは小物売り場でシャツ、ネクタイ、カフリンクス、タイピンを選び出すことになった。

プレゼンの機会が多いとのことなので、「ギャラリーの視線」を意識し、袖口からのぞくカフリンクスは冷たく光るメタル素材のものにし、タイピンも同じデザインのものを選んだ。

ネクタイには、アイスブルー、鉄紺（グレーとネイビーの中間のような色）など、「知性」を強調する色味のものを選定。

また、シャープな頭脳や冷静な判断力がイメージされるストライプ柄や、数式的曲線が緻密さをイメージさせるアール・デコ調の柄を選定した。

次に、サイズを測っていただき、ジャストサイズのシャツを選んだ。使いやすい白やブルーのシャツに加えて、薄いブルーのストライプ柄のクレリックシャツ（身ごろが柄または色無地で、衿とカフスだけが白色のシャツ）を選定した。

さらに、プレゼンなど「ここぞ」という場面で着用する**「勝負スーツ」**を選んでいく。何着も試着していただき、鉄紺の光沢素材で、二つボタンの身体にフィットするブリティッシュ・スタイルのスーツを選んだ。

靴とビジネスバッグ、ベルトも購入し、つい数時間前まではリクルート学生のようだった青年は、背筋もピンと伸び、三十代半ばの優秀で爽やか、かつ知的なビジネスパーソンに大変身した。

「あの勝負スーツで出かけたら、周囲の扱いが変わりました。特に、大きなプレゼンなどがあるホテルでも、上客のように扱われるようになりました。

どんな時でも臆することなく発言できるようになったせいか、**仕事の成約率が三倍**になりました」

後日、そんなうれしい報告をいただいた。間もなく四十代を迎えるH氏は、実績を着実に積み上げ、取締役に昇進している。

CASE 02 「ピンクストライプのシャツ」で女性顧客の心をつかんだ大手銀行の営業部長

M氏は大手銀行の融資担当部長として、長年、企業の社長たちを相手に仕事をしてきた四十代のやり手銀行マンだ。

業務拡大に伴い、一般顧客を対象にした「資産運用セミナー」を開くことになり、個人のお客さまの相談にのるセクションを任されたという。

私への依頼内容は、

「これまでの融資の仕事とは違い、個人のお客さま、しかも女性を相手にするのは初めてです。女性に警戒されないスタイリングをお願いしたい」

とのこと。

「ヒアリングシート」を見ると、勤務先は大阪の梅田。ということは、明るく、率直な物言いをする、愛情あふれる女性たちがお客さまということだ。

彼女たちの気持ちをつかみ、信頼される服装が求められるが、その一方、銀行マンとしての信頼感、安心感を与える必要もある。そこで、スタイリング・コンセプトは、**「難しい話もわかりやすく説明する、老後資産を安心して任せられる銀行マン」**とした。

スタイリングの当日、いかにも高級素材のダークネイビーのスーツに、控えめなグレー系の小紋柄のネクタイをしめて現われたM氏。ゴルフ焼けした、やや〝こってり〟した顔立ちの、いかにも「大阪人情派」という風情の男性である。

まず、女性客に「信頼、親しみやすさ、安心感」を与えるために、「イメージカラー」は年齢を問わず**女性に好感度が高いピンク**にした。

これまでの職業人生で「ピンクを着る」経験などなかったとのことだが、早速、シャツ売り場へ向かい、M氏のために選んだのは、「クレリックシャツ」。

正統派のスーツスタイルを求められる銀行であっても、クレリックシャツであれば、身ごろの柄や色はネクタイやジャケットに隠れるので、あまり表面に出て主張せず、ピンクに抵抗がある男性にも身に着けやすい。

上着を脱いだ時や近くに寄った時に、初めて「ピンクにストライプのシャツを着ている」と相手が気づく、という効果を狙ったのだ。

「ジャケット」と「ネクタイ」の合わせ方

ピンクのクレリックシャツを着た時は、ダークネイビーのスーツを合わせるのが間違いがない。ネクタイはM氏の場合、ワイン系の色のものを合わせた。

クレリックシャツを着る時のネクタイは、シャツの色と同系色の濃い無地のものを持ってくればよい。水色のクレリックシャツであれば、ネイビーや青系のネクタイといった具合である。

数日後、

「初めて女性向けのセミナーで着用したのですが、『可愛いやん』とか、『ええなぁ～』とほめられました。おかげさまで、お客さまから気軽に声をかけていただけるようになりました」

とうれしい報告メールが入った。

その後も、「ピンクのシャツのMさん」と親しまれて、女性顧客の数が関西圏の店舗で一位になり、ますます活躍の場を広げているそうだ。

CASE 03

品格を失わない「ジャケパンスタイル」で信頼される公務員

Ａ氏は、京都府の商工労働観光部で働く三十代半ばの公務員だ。

職場のドレスコードは特になく、カジュアルな服装からスーツ姿まで幅広いという。そんなＡ氏からは、

「来期から、海外からいらっしゃる視察団や来賓の担当になり、京都の観光事業の紹介と案内を担当することになりました。どんな服を着たらよいかわからないので、スタイリングをお願いします」

と依頼された。京都の案内とは、いわば「おもてなしをする」ということでもある。

記入いただいた「ヒアリングシート」をもとに、スタイリング・コンセプトは、

「時空の旅をおもてなしする京都博士」

とした。

そして、
1　街を案内するのにスーツでは堅すぎるので「ジャケパンスタイル」
2　格式ある店での接待も考慮して、六つ星レストランのドレスコードに外れない
3　日本の「今」と「先人の知恵」を映す色や技術が使われている衣服
この三つを指針とした。

ちなみに、「ジャケパンスタイル」とは、ジャケットとパンツを別々の単品で組み合わせるもので、「セットアップスタイル」などとも呼ばれる。

クールビズが浸透し、この「ジャケパンスタイル」で出勤というビジネスパーソンも増えているようだ。

「細身の体型」でも〝頼りなく見えない〟シャツ選び

スタイリング当日に現われたA氏は、細身でスラリとした体型で、首も細く、長い。半袖のワイシャツを着ていたが、台衿の高さが低いせいか、頼りなく見えてしまう。

そこで、まずはスーツ量販店に向かい、ジャケパンスタイルにふさわしく、かつ衿

に高さの出るシャツを選ぶことにした。

スタイリングした時期は夏だったこともあり、高機能速乾性のシャツの品揃えが豊富だったが、「クールビズ対応のシャツ」としては、ネクタイをしていない時でも首元がシャキッとしてだらしなく見えないボタンダウンのシャツを選ぶとよい。

そして、首が長い男性には、「ドゥエボットーニ」という、衿元のボタンが二つあるシャツのボタンダウンをお勧めしており、A氏にもこのタイプのシャツを中心に試着してもらい、何枚か購入した。

失敗がない「ジャケパンスタイル」の組み合わせ

ジャケパンスタイルで通勤する場合、ジャケットはある程度の枚数が必要なので、毎日、気軽に着ていける二万〜三万円台のものを、やはりスーツ量販店でいくつかセレクトした。

ジャケパンスタイルで失敗がない組み合わせといえば、無地のネイビージャケットにチャコールグレーのパンツだろう。

これにピンク（桜や紅梅をイメージさせるピンク）の無地のシャツを組み合わせ、

同系色のピンクのチーフをさせば、「外国の来賓をご案内する役目にふさわしい、親しみやすく、かつ熟達したイメージ」を相手に与えることができる。

パンツは、ウールと異素材をミックスした自宅でも洗える機能性素材のものが、日々の仕事で着用するものとしてはお勧めだ。センタープレスの（パンツの前中心に折り目がある）ものを選べば、ビジネスならではの「きちんと感」も損なわれない。

「カジュアルさ」と「品格」が両立するジャケット

次に、伊勢丹メンズ館へ移動し、接待の場でも自信を持って装うことができるクラスのジャケットを選んだ。

私が男性のクライアントをお連れするのは、新宿の伊勢丹が圧倒的に多いが、それは優秀なスタッフが揃っているから。たとえば、全く同じ生地、型紙を使っても、どこを何cmつまむか、出すかといった微妙なさじ加減で、仕上がりが微妙に違ってくるが、伊勢丹でフィッティングすれば、まず間違いがないからだ。

A氏には、**「ウインドウ・ペン」**というチェック柄のジャケットを選んだ。

ウインドウ・ペンチェックとは、窓枠の格子が並んだようなチェック模様を指す。

柄の大きさは様々で、横縞《よこじま》、縦縞が一色使いで同じ幅のラインが交差する柄が主である。英国カントリー調の伝統柄でもある。カジュアルだが品よく見え、一着持っているると着こなしの幅が広がる。また、相手に「親しみやすさ」を感じさせる定番の柄でもある。

この柄のジャケットを着た時には、中にアスコットタイ（モーニングやディレクターズスーツなどのフォーマルなシーンではもちろん、スカーフのような形で気軽に使われる）をしてもよい。

一般的で使いやすいのは、ダークネイビーに白いラインが入った柄だが、A氏のために選んだのはカジュアルでありながら品格のある深縹《こきはなだ》色。

深縹は、わずかに紫色を含んだ青色のこと。平安時代から鎌倉時代にかけて、その濃く勇ましい印象を与える色合いから、男物の衣装として流行し、平安中期より「紺」とも呼ばれていた色である。京都の「和装の歴史」と重ねて、ちょっとした豆知識もプレゼントした。

スタイリングを終えて数日後、

「ローマからの視察団の方に色の話をしたら、とても喜んでくださいました。何よりも、あれから、衣服に興味が湧きました。実は京都には『和装』をはじめ、着物に関する美術館もあるんですね。『灯台下暗し』でした」

と、うれしいメールをいただいた。

CASE 04 知性と貫禄を感じさせる〝上品カジュアル〟で昇進した広告会社部長

W氏は四十代後半、広告会社の営業部長職である。気取りのない親しみやすさと、難しい内容もわかりやすく伝える話術に定評がある。

「最近、会社の業績を伸ばし、役職が上がって部下も増えました。取引先が大手企業中心になるので、きちんとした印象を与える服のスタイリングをお願いします」

と依頼にみえた。

W氏は、日頃からジョギングやゴルフにも親しみ、引き締まった身体に日焼けした小麦色の顔。アイビースタイルやアメカジが好きということもあり、ギンガム・チェックのシャツにチノパン、紺のブレザーという服装で現われた。そのせいか、実年齢よりも若く見えるが、ポジション的には、もう少し「クラス感」が欲しい。営業という職業柄、若く見られると「都合のよい取引先」と軽んじられる可能性もある。

そこで、カジュアルであっても軽んじられることのない、**「知性と貫禄、大人の男ならではの上品カジュアル」**をコンセプトにスタイリングをすることにした。

「品格」は素材とデザインが語る

まず、W氏の「親しみやすさ」は崩さずに、「ビジネスでのステージが上がったこと」が一目で伝わるよう、品格のある「ネイビーのジャケット」を用意した。

ビジネスで取引先に出向き、経営者や重要な相手との商談にも臆することなく臨めるように、ブランドはイタリアの「ラルディーニ」を選んだ。

ラルディーニは、一九七八年にイタリア中部のアンコーナで創業以来、世界の名だたるビッグメゾンの製品を三十年以上、つくり続けてきた実力を持つ。最高品質のファブリックのみを使用し、すべてのアイテムが職人によってイタリア国内でつくられている。

着やすく、かつ型崩れしないジャケットは定評があり、特に「ジャケパン」スタイルが多いビジネスマンから支持されている。
イタリアならではの「上質感」が漂う素材のジャケットをまとうと、一瞬にして他のアイテムまでも「格上げ」されて見えるという効果もある。

このジャケットに合わせたのは、「勝負用」に使えるフォーマル度の高いセンタープレスのウールのパンツ。色は中間的な明るさのミディアムグレー。ジャケットの中には、高級感ある織り地の白のワイドカラーのシャツに、知性を感じさせるブルーの、シルクの光沢が美しい肉厚のネクタイを選んだ。

日々の仕事用には、ストレッチの利いたジャージ素材のジャケットをセレクト。ジャージ素材のジャケットは価格帯の幅が広いが、縫製が丁寧で、つくりがしっかりしたブランド、「セオリー」のものを選んだ。こちらも、ビジネスでの汎用性が高いダークネイビーをチョイスした。
シャツは、ノーネクタイでも衿元が崩れない、カジュアルなボタンダウンを選んだが、ニットタイを合わせればカジュアルでも「きちんとした印象」になる。

カジュアルスタイルには「品格小物」で格上げを

また、ジャケパンスタイルの時こそ、「フォーマルな印象」を強調するポケットチーフやカフリンクスを使えば、広告代理店勤務という「トレンドに敏感な職種」にふさわしい装いになる。

そこでW氏には、ポケットチーフの基本である白麻のチーフと、ネクタイと同色のシルクノットのカフリンクスを用意した。

また、顔の印象を大きく左右するメガネは、カジュアルでもデザイン性が高いフランスのブランド、「アランミクリ」のスクエア型をチョイス。

そして、鞄が布やナイロン製の場合、角がきちんとある「スクエア型」にすると、きちんとした印象になること、センタープレスのウールパンツの時には、紐靴を選ぶとフォーマル度が上がることもお伝えした。

用意した「勝負服」をまとったW氏の姿は、つい四時間前に待ち合わせしたビジネスパーソンとは別人かと思うほど品格と自信に満ちあふれていた。ジャケパンスタイルでありながら、一目で「責務を担うポジションにあるメディア関係のビジネスパーソン」ということが伝わってきた。

「まるで別人みたいです。『きちんとした格好をすると、老けて見える』というのは、単純な勘違いでした」

と、ご本人も満面の笑みで話してくれた。

それから一年後のある日、W氏からメールが届いた。

そこには、

「スタイリングしていただいた服を着るようになってから、これまでのお客さまや、初対面の方からの対応が変わり、一目置かれているのかなと感じるようになりました。おかげさまで売り上げも飛躍的に伸び、先日、取締役部長に昇進しました」

とつづられていた。

その時々の「場」にふさわしいジャケパンスタイルを戦略的に選びながら、いくつになっても若々しく颯爽《さっそう》と振る舞うW氏の姿が浮かんだ。

CASE 05

華やかなネクタイで「全国ナンバーワン」になった社会保険労務士

金融業界で培った知識と経験を生かせる希有《けう》な人材として、同業者の間では有名なU氏。そんなU氏から、

「セミナーで自分を魅力的に見せ、信頼を得て売り上げにつながる服飾戦略を」

とのご依頼を受けた。

独立時に通ったという「起業塾」では、

「セミナー営業では、内容と同じく『自分を売る』ことも大事」

「セミナー会場では、白シャツに赤ネクタイが効果的」

と教わり、すぐに実践したとのこと。

しかし、「もっと効果的に人目を引くことはできないか」と考えていた時に、私の服飾戦略を知ったとのことだった。

セミナー風景の写真を拝見すると、たしかにネクタイは赤で目立つのだが、スーツが無難な色と形で、「存在感」がない。

話を聞くと、「会社員時代の勤務先は服装に厳しかったため、シャツは無難な白が基本。たまに淡い黄色や青の無地シャツを着るのがせいぜいだった」とのこと。

そこで、「全国から集客できる魅力的な講師」というイメージを打ち出すために、U氏のスタイリング・コンセプトは、

「華やかな品格と圧倒的な存在感」

とした。

どんな会場でも映える「華やかなVゾーン」

セミナーや講演の時には、講師の上半身に視線が集中する。そして、スーツスタイルの最大の見せ場は「Vゾーン」である。

特に、ネクタイは「顔のすぐ下」に来るので、常に視線が行く。

そこで、U氏には講演会場の壁と同化する色は避け、照明に映える、光沢のあるダークネイビーのスーツに淡いピンクのクレリックシャツ、明るいバラ色の小紋柄のネクタイを用意した。

ネクタイは、「プリントの王子」の異名を持つ、イタリア、ナポリ出身の男性ファッションデザイナー、「エミリオ・プッチ」からチョイスした。エミリオ・プッチのネクタイは「大胆な柄」が多いが、U氏のために選んだ一本は、色が華やかな分、小ぶりな小紋柄のもの。

また、ゲストスピーカーとして外部のセミナーに招かれた時のために、メインスピーカーほど華やかにはならないものの、存在感は主張できるネクタイを選んだ。「柔らかめのセミナー」用には、光沢素材のワインカラーにペイズリーの織り柄の一本を、「堅めのセミナー」用には、遠目でも顔がはっきりと見える、光沢素材のダークネイビーと白のレジメンタルタイを選んだ。

カフリンクスは「細部」に目がいく女性に好評

また、少人数のセミナーでは、ホワイトボードなどを使って説明する際、袖口から

「カフリンクス」がさりげなくのぞくと、上品さ、クラス感が醸し出される。特に、「細部」にまで鋭い目を光らせる女性が多いセミナーでは、好評のアイテムとなる。

後日、U氏からうれしい報告が届いた。

「若い女性が六割を占める社会保険労務士向けのセミナーでは、独特な色彩のエミリオ・プッチのネクタイは、特に**女性からほめられる機会が多くなりました。**淡いピンクのシャツと合わせたスタイリングは、品格と華があると好評でした」

その後もU氏は、『知識』を『知恵』に変えていける社会保険労務士」を育成し、ビジネス面でも順調に業績を伸ばしている。

ここに紹介したのは、「服飾戦略」を活用することで仕事の成果を上げたビジネスパーソンの事例の一部である。

「何のために装うのか」——自身の「なりたい姿」を明確にし、「スタイリング・コンセプト」を決めて、一貫した装いをする服飾戦略の効果は、はかり知れない。

特に、**経営者や講演家、人前に立つことが多い人にとっては、「自身の見た目」＝「メディア」**といっても差し支えないほど、「見た目」の影響力は大きい。

何をどのように装うか――「見た目」への投資は、あなたが考えている以上に効果があるのである。

Column
チャンスの扉を開けてくれる「最強の執事」とは

スタイリングをする際、常に頭の隅に置いておくことがある。

それは、

「服は内面を磨き、自信を育て、内面は見た目に反映されて魅力となり、仕事の評価が上がり、稼げるようになる」

というものだ。この言葉を実現するために、クライアントに「最強の勝負スーツ」を用意するのが、私の役目である。


ビジネスにおける男性のスーツ姿は、ビジネスという戦場で着る「戦いのための鎧《よろい》」ともいえる。

なぜなら、洋の東西を問わず、鎧や甲冑《かっちゅう》には「敵の攻撃から身を守る」という機能性のみならず、ある時は敵を威嚇《いかく》し、ある時は思わず目を奪うような鮮やかな姿で**「相手を精神的に圧倒する」**という機能があるからだ。

また、身体に沿うスーツを身にまとい、ネクタイをきりりとしめて緊張感をつくり出し、カフリンクスや小物に哲学を重ねて「ビジネスという戦場」へ向かうことは、「最強の執事」を従えて戦場に向かうのに等しいと私は思っている。

⚜「言語以外の情報」を雄弁に語らせる効果

現代のビジネス（戦い）は、「対人コミュニケーション」が中心である。だからこそ、

「ノン・バーバル（言語以外の）情報は、言葉より早く、多くを語る」

ことを認識する必要がある。

たとえば、個人で仕事をしている人物のＨＰに掲載された写真から、相手の人柄を推測し、仕事を依頼するか否かの判断をすることはないだろうか。

ビジネスパーソンは多かれ少なかれ、それと全く同じ視線で見られているということだ。

だから、**服装を軽視しては、成功は望めない**のである。

男性の服飾には、ソーシャルな場、ビジネスの場、フォーマルな場で、お互いが納得する「着用のルール」が残っている。

服飾や外見に宿る思想は、相互が「共通の価値観」を持っているという証《あかし》であり、その人の背景にある生活や価値観、美的センスを探りあてる手がかりとされる。

欧米の人は特に服装を重要視し、話題にするが、それは、「衣服と思想は深く結ばれている」という衣装文化が背景にあるためだ。

相手がこちらと同じ共通認識を持っているか、こちらの目的を理解できる人間なのか、といったことも「服装から読み取る」という文化が今も継承されている。

つまり、彼らは、

「人格がほとばしり出るほど策の練られた服飾」の重要性を認識しているのだ。

だからこそ、ビジネスの「ここぞ」という場面でまとうスーツは、「知性・品格を表現し、着る人を雄弁に語り、その人の価値を一瞬にして伝える」一着であることが欠かせないのだ。

「有能な執事」の役割を果たすスーツ一式は、今、あなたのクローゼットに入っているだろうか？

Chapter

03

装いで「存在感をマネジメント」する

……一目で「何者かがわかる」外見をつくる

流行に夢中にならない。ファッションにあなたを支配させない。
その着こなしと生き方によって、あなたが誰で、どう見せたいかは
自分で決めればいい。

……ジャンニ・ヴェルサーチ（ファッションデザイナー）

ビジネスの現場で評価される人、されない人

限られた時間しかない異業種交流会の席で、まずは会場をぐるりと見まわして、相手の「外見」から名刺交換をする相手を決めたことはないだろうか。

同じように、あなた自身も**「外見」によって、相手から「価値」を値踏み**されている場面は少なくない。

せっかくの「強み」や「実績」が、残念な外見によって正しく評価されないとしたら、こんなにもったいないことはない。

そのようなことが起きないために、外見に関しては、「常に第三者の視点で、自身を客観的に見る」ことを習慣にすることだ。

私は仕事で家を出る時、全身を鏡に映して必ずチェックすることがいくつかある。

その一つは、「身だしなみ」。もう一つは、鏡に映る自分が、「服飾専門家、しぎはらひろ子に見えるかどうか」。これを他者目線で厳しく点検する。

なぜなら、当たり前であるが、ビジネスの場では、「他者目線の評価」がすべてだからだ。

男にとってのスーツは「アムロ少年のモビルスーツ」と同じ

スタイリングに同行し、試着をして鏡の前に立つクライアントに、私が繰り返し申し上げることがある。

「自分だと思って鏡を見ないでください。そこに映る人物は、『今回のスタイリングであなたが目指す人物』に見えますか？」

ということだ。

そして、すべての買い物が終わった時に、スタイリング前とスタイリング後の写真を見比べながら、

「ここに映る人は、どのような人物ですか?」

と再確認する。

そして、最後にクライアントに必ずお伝えするのが、この一言である。

「今日は○○さんのビジネス上のアバター(自身の分身となるキャラクター)を構築しました。選んだ服は、その役を演じるための衣装でもあるのです。明日から、自信を持って堂々と、その服にふさわしい人物になりきって仕事をしてくださいね」

すると、一〇〇%のクライアントが、自信に満ちた表情で大きく頷《うなず》いてくれるのだ。

ある時、一人のクライアントが、

「選んでいただいた服一式は、私にとって『機動戦士ガンダム』の主人公、アムロ少年のモビルスーツ』の役割をしてくれています。あの服を着ると、自分がものすごく仕事ができるような気になるんです。おかげさまで、売り上げも一年で二倍になりました」

とうれしそうに報告してくださったことがある。

そう、まさに**服飾戦略とは、「アムロ少年のモビルスーツ」をつくること**なのだ。

望む未来を手にする「在り方」を演出する

存在感が際立っている人、一度会ったら忘れられない人、次もこの人に仕事を依頼したいと思う人……。

多くの場合、彼らの衣服には、「戦略」や「意志」がある。

あなたも自らの「在り方」を演出するために、衣服というツールを戦略的に用いてほしい。

それには、「装い」を視覚情報として考え、衣服の発するイメージを戦略的に構築しながらスタイリングすること。

私は、これを「服飾戦略」として提唱してきた。

そして、服飾戦略には、

「存在感」＝ 内面（志、理念）× 外見（視覚情報）

という「方程式」がある。

「存在感」とは、あなたが何者であるかを相手に認知させる力であり、「あの人は、頼れる」「普通の人とは違う」「期待に応《こた》えてくれる」と相手に思わせる力のことだ。

そして、それは、「内面」と「外見」のかけ算から生まれる。

「内面」とは、ビジネス上の理念やミッション、ビジョン、仕事のスキルのこと。精神性や心意気、礼節なども含まれる。

「外見」とは、服装はもちろん、使用している小物、ヘアスタイルや所作、立ち居振る舞いから言葉遣い、話し方まで含まれる。

つまり、「服飾戦略を立てる」とは、これらすべての要素を自分の中で棚卸しし、磨き上げていくことにほかならない。

単なるスタイリングとは、全く次元が違うのである。
次ページ以降に、あなただけの「服飾戦略」を立てていくためのシートを用意した。書き進むうちに、自分の内面、強みがわかり、自身の目指すべき方向もはっきりとしてくるはずだ。

ここで、あらためてお伝えしておきたいことがある。それは、「存在感」はマネジメントできるし、「見た目」とは自分という存在を伝える視覚情報にほかならないということである。

服とは「着る」ものではなく「装う」ものであり、服飾戦略においては、装った服装にふさわしい「配役」に徹する者が望むものを手にする。

衣服とは、主人であるあなたが従える「従者」なのだ。

「自分の理念」（どう在りたいかという意志）を見つめ、「戦略」（その役を効果的に演じる策）を立て、存分に「装い」（何を演じる人なのかが一目で伝わる衣装を身に着け）、あなたが望む未来を手にしてほしい。

Process 01

自分を「他者目線」で評価してみる

「厳しめ」にジャッジすること

○ 評価が高い点	× 改善点
◆性格	◆性格
◆外見	◆外見

Process 02

理想の自分を考える

自分は「どのような人」として評価されたいか？

1. ミッション（使命と感じていること）

2. ビジョン（理想とする姿）

3. 座右の銘

4. どのような第一印象を持たれることが多いか（例 明るい、優しい）

5. 避けたい印象となる言葉は何か（例 暗い、存在感がない）

6. さらに磨き「魅力」「武器」としたい長所はあるか

7. 他者から「どのような人」として評価されたいか

8. 自分の「存在感」を表わす言葉として理想とするものは何か

9. 3年以内に具体化したい将来の夢はあるか
（例 コンサルタントとして独立起業）

Process 03 「理想の未来」を実現させるのに必要なキーワードを探る

◆モデリング

理想とする人物を3人挙げ、どこが理想なのかを考える

例 渡辺謙の存在感、茂木健一郎の知性、池上彰の解説力

〈参考〉職業別キーワード（その職業で求められる能力）

堅めの業界・内勤

品格、知的、緻密、冷静、威厳、堅実、誠実、聡明、勤勉、判断力、論理力、一貫性

堅めの業界・営業

人情、温和、柔和、知的、柔軟、誠実、利発、明敏、聡明、英明、行動力、実行力

柔らかめの業界・内勤

独創的、創意工夫、洗練、粋、英明、利発、明敏、聡明、賢明

柔らかめの業界・営業

同調、賢慮、智慮、利発、賢明、知恵、迅速、臨機応変、柔軟

Process 04

「何者であるか」を簡潔に伝える

自分の「価値」を簡潔に伝え、行動の指針となるキャッチコピーを考える

◆「ビジネスアバター」のキャッチコピー

例 誠実で緻密、起業を成功に導く助成金コンサルタント

◆自己紹介（300字）

注意点
- 第三者の言葉を使い、説得力を持たせる
- 実績を数値化する
- 自社（自分）を定義するキーワードを入れる
- 「行列ができる」「予約が半年待ち」など付加価値を入れる
- まわりからの評価を入れる
- 指標を明確にする（どこを目指すのか）

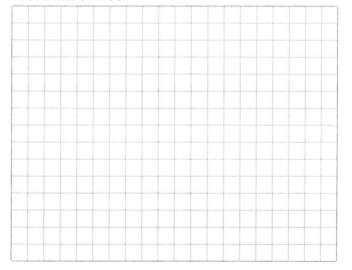

Process 05

存在感を印象づける「イメージ・カラー」を選定する

◆ビジョンや理念を「色」で情報化する

例 穏やか、頼れる → ブラウン、ダークグリーン
聡明、理性的 → ブルー

ブラック	高級・厳粛・暗黒	ワイン	優美・高級・豊潤
グレー	都会・陰鬱・洗練	パープル	上品・下品・派手
ホワイト	清潔・清楚・衛生	バイオレット	高貴・気品・優雅
イエロー	光明・明朗・注意	ネイビー	堅実・緻密・賢慮
ベージュ	温和・柔和・柔軟	ブルー	聡明・知性・清澄
キャメル	素朴・充実・風雅	ライトブルー	冷静・清涼・清浄
ブラウン	地味・堅実・剛健	ターコイズブルー	爽快・安静・整然
オレンジ	陽気・快活・温情	ミッドナイトブルー	権威・知慮・厳格
レッド	情熱・革命・危険	グリーン	平和・希望・安全
ローズ	優美・華麗・熱烈	エメラルドグリーン	明晰・沈静・希望
コーラルピンク	甘美・温和・優雅	ダークグリーン	重厚・丹念・陰気
ピンク	優雅・可愛い・甘い	ライムグリーン	新鮮・軽快・明快

ここまで書き進んでいただくことで、自分の存在感を表現する「言葉」が明確になったと思う。

「ビジネス上のアバター（自分の分身となるキャラクター）」のキャッチコピーを定義したということは、あなたが「何者であるか」を簡潔に伝えるための「スタイリング・コンセプト」が明確になったということだ。

次章からは、その「スタイリング・コンセプト」を生かしていくための、服飾の具体的な知識をお伝えしていく。

スーツスタイルには「決まり」がある。それに則って戦略的に外見を整えていってほしい。

Chapter 04

その無難なスーツでは稼げない

……「市場価値」と「存在意義」を上げる一着の選び方

人はその制服どおりの人間になる。

……ナポレオン・ボナパルト

「勝負スーツ」にいくら投資すべきか

これまでの章で、自分が「どう在りたいか」という意志が明確になり、その自分を効果的に演じるための「外見」の重要性についても理解していただけたと思う。
この章では、「なりたい姿」になるためのスーツの選び方、買い方について書いていきたい。

まず、

「何を得るためのスーツなのか?」

という目的を明確にすることで、「買うべきスーツの方向性」と「スーツ購入の費用」が明確になる。

具体的には、毎日の仕事着として身に着けるスーツなのか、プレゼンや接待など「ここぞ」という時に着る一着なのか、ということである。

服飾戦略で私が用意するスーツの価格は、平均で十万～十六万円。

なぜなら「収入を上げる」ためには、「すでに高収入を稼いでいる人」に見える必要性があるからだ。

たとえば、品格があり、見るからに高価で仕立てのよいスーツを着ている人は、「仕事がうまくいっている人」「稼ぎのよい人」であると、ほとんどの人が想像するだろう。

⚜目安は年収の一・二～三％

スーツは、どれも同じように見えるが、「選び方」「装い方」で大きな差が出る。

私は、

「毎日の仕事スーツは収入を目安に、今より一ランク上の価格帯を購入すること」

「勝負スーツは、目的に応じてお金をかけること」をお勧めしている。

日々のスーツを購入する際の価格の目安は、年収の一・二%だ。

勝負スーツに関しては、年収の一・五〜三%が目安である。

池井戸潤《いけいどじゅん》さんの小説をテレビドラマ化した『半沢直樹』シリーズをご覧になられた方も多いかと思う（ご存じない方は「半沢直樹」で検索してください）。

ドラマの中で役者たちは、それぞれの役どころに見事にマッチした衣装で、その時々の心情をより深く演じていた。

特に、登場人物が衣装として着用するスーツは「社会的ポジション」が一目でわかり、年収をも想像させるほど、見事にスタイリングされていたのが印象的だった。

たとえば、堺雅人さんが演じる主役の半沢直樹は、営業部次長。ドラマの中で着用していたのは綺麗なシルエットのスーツ。パターンオーダーで五〜六万円前後のスーツと推測するが、日本のテーラー特有の、地味でもつくりは正統派、ダークネイビーという色も役柄と重なっていた。

ちょっと冴えない役どころの、滝藤《たきとう》賢一さん演じる同期の近藤直弼《なおすけ》が身に着けていたのは、量販店の平均的な二〜三万円前後のスーツといったところ。ジャケットの下衿（ラペル）が少し以前の形で若干太め、ワイシャツもオーバーサイズ。「細部に目が行き届かないツメの甘さ」「自信のなさ」が演出されていた。

そして香川照之《てるゆき》さんが演じる大和田常務のスリーピースは、イージーオーダーで八万〜十五万円前後。野心家の取締役であり、自己顕示欲の強さを表わす派手なストライプの柄に、衿つきベストといういで立ちは、役柄の「内に秘めた野心」をも表現していた。


今挙げた価格帯からもわかるように、購入するスーツの値段は、一般的に収入の一・二〜三％が目安。

つまり、登場人物の「見た目」から収入さえも想像したように、身に着けたスーツによって、あなた自身も〝値踏み〟されてしまうのだ。

「見た目」がその人の「市場価値・立場」と錯覚されるのである。

だから、毎日の仕事スーツに、今より一ランク上の価格帯のものを購入することで、他者からの評価が変わり、内面が変わり、行動が変わっていく。

一言でいえば、スーツのランクを上げることは「目指す未来」への近道となるのだ。

勝負スーツの選び方

クライアントの職種や目的により、「勝負スーツ」の価格は、二十万円から百万円までと幅が広い。

数年前、コンサルタント会社を経営するD氏の創業五周年の記念パーティ用にお勧めしたのは、世界中の政治家や著名人が信頼を寄せる「スーツ界のメルセデス・ベンツ」と呼ばれる「ブリオーニ」の六十万円のスリーピーススーツ。

「未来の姿」をスーツに重ね、一足先にその姿を披露することで、

「これが、私の目指す未来像です」

と、取引先の前で約束するという〝暗黙の戦略〟を忍ばせたのだ。

その後、D氏は業界でも独自のポジションを切り開き、新聞、雑誌、テレビと多くのメディアから声がかかったのだが、取材時にはいつも、その時に選んだスリーピースで登場していた。

それから十年の年月が経ったが、彼のビジネスは成功をおさめ、そのスーツにふさわしい収入を得ている。

一着六十万円という価格を「法外な値段」と感じる方も多いと思う。

しかし、流行に左右されない品格あるスタイルの一着を選び、十年間は大切に着用すると考えれば、一年に換算すると約六万円。スーツが持つパワーと役割から考えても、費用対効果は申し分のない素晴らしいものだといえる。

だから、スーツの価格は「何を得るための投資なのか?」によって大きく変わってくるということだ。

特に、勝負スーツとなる一着は、未来のビジョンを重ね、一足先に「理想の外見」をつくってしまうという戦略で購入することが得策だ。

それは、**「なりたい自分」の服を先に購入してしまう**ということだ。

ビジネスの世界に一歩足を踏み入れたら、**「属性や立場がわかるように装う」ことは、相手へのリスペクトを示すこと**であり、衣服本来の役割でもある。

計算された勝負スーツをまとい、外見を整え、自らの「市場価値」と「存在意義」を示すのは、ビジネスパーソンとしての基本なのだ。

ネイビーか、グレーか——「色」が与えるイメージ

私がクライアントに勧めるスーツの色は、基本的にはダークネイビーだ。ファッション雑誌などでは「メンズ服飾のセオリー」として、「スーツはグレーかネイビーを選べば間違いがない」といわれる。しかし、私は長年、スタイリングを手がけてきたが、グレー系のスーツを勧めたことは、二例しかない。

実際のところ、グレーのスーツを着こなすのは難しい。なぜなら、フラノ（やや厚地の毛織物）など素材に高級感がないと、いくら身体にフィットさせたスーツをつくっても、グレーという色が持っている「ちょっと疲れた感」が出てしまうからだ。

ファッション雑誌に「今年はグレーがきている」などと紹介されているグレーは、たいてい比較的明るいグレーだ。そして、こんな色味のスーツは、管理職以下の若手が着るのには、ふさわしくない。着たとしても、老けた印象になってしまうことが多い。

エグゼクティブになり、五十代以上になってから、綺麗な色合いのグレーのスーツに淡いブルーのシャツ、茶系のネクタイなどイタリアン・スタイルで着こなすのは、たしかに素敵だと思う。しかし、日々のスーツとして、あえてグレーを選ぶ理由はないと私は考えている。

「ネイビー三着」をお勧めする理由

「スーツは最低、三着を用意し、グレー系一着、ネイビー系二着を持つといい」と推奨されることもあるが、私は「ネイビー三着」をお勧めしている。ビジネスはネイビーで統一した方が間違いはないし、シャツ、ネクタイなどの小物にも一体感が出てくる。

一口に「ネイビー」といっても、たとえば伊勢丹のスーツ売り場に行けば、百種類以上の色味を見つけられるだろう。また、ウール一〇〇%なのか、シルクが一〇%混ざっているのかなどの素材の違いによって、同じ染料を使ったとしても「色の表情」は違って見える。

また、自分の一週間のワードローブにある最低三着のうち、一着をグレーにしてしまうと、ネクタイとワイシャツの選び方がさらに難しくなってしまう。

「服飾戦略」という観点からも、三着のうち一着をグレーにする意味はあまりない。スーツの色はあえて統一してしまった方が、その人の印象や存在感に効果があると考える。

「自分が他人に与えるイメージ」は、いつも同じである方がよいというのが私の考えだ。そうした意味でも、スーツはネイビーで揃えることをお勧めする。

「グレーのスーツを着てもいい人たち」とは？

ちなみに、私が服飾戦略のスタイリングでグレーをお勧めした人は、二人とも四十代のビジネスパーソンだった。

一人は、営業マンに「ノンバーバル（非言語）・コミュニケーション」を教えるコンサルタントだ。普段はネクタイをする必要がない職業の方だが、コンサルタントとしての「格」を出すために、明るめのグレーのスリーピーススーツを選んだ。

その方は、顔立ちや雰囲気が華やかで、濃いネイビーを着ると、かえって派手な水商売の人のような印象になってしまうためにグレーを選んだのだ。

また、もう一人は、外資系のファンドマネジャーの方だった。海外出張が多く、「海外でのビジネスの際に必要なスーツを」というご依頼だった。そこで、シルク混で光沢のある、高級感のあるスーツを選んだ。シルクが一〇％でも入ると、生地の光沢は増すものだが、ネイビーよりもグレーの方が、より光り方が強くなる。

海外、特にニューヨークなどでは、グレーは「アッパークラスの人が着ている」「成功した人が着る」というイメージがあり、ある程度「はったり」を利かせたい時には有効な色だ。

そこで、この方には、チャコールグレーのスーツに淡いブルー（青＝アズーロ）のシャツ、茶色（マローネ）のネクタイという、イタリアで「おしゃれの王道」の色合わせといわれる**「アズーロ・エ・マローネ」**（「青と茶色」という意味）でスタイリングをした。

エグゼクティブになり、「箔」をつけたい時には、グレーのスーツは有効なのだ。

⚜「シャドーストライプ」で品格を

ところで、まれに茶系のスーツを着ている人を見かける。しかし、茶色は黄色人種である日本人には顔映りがあまりよくない色だ。この色を着ると、顔色が余計にくすんで見えてしまい、ビジネスで必要な「清潔感」が損なわれてしまうことがほとんど。

茶系は、上級者でないと着こなすのは難しく、よほどの高級素材のスーツで、ネクタイも注意して選ばないと、陳腐な着こなしになることが多い。

また、スーツの柄にストライプを選ぶのであれば、幅が太いほど、そして「生地」と「ストライプ」の色が離れるほど「トレンド寄り、おしゃれ」という印象になる。ストライプは目立たない方がシャツやネクタイと合わせやすく、品もよくなる。堅い職業の方であれば、スーツは無地を選べば間違いがないだろう。

ただし、よく見ると織りがストライプになっていると気づく「シャドーストライプ」であれば、「品格」を感じさせるのでお勧めできる。

無地やシャドーストライプのダークネイビーのスーツは、ネクタイの色柄を選ばないという点でも優秀だ。特に、白のシャツにダークネイビーのジャケットと同系色のネクタイをしめれば、男を最も精悍《せいかん》に見せてくれる「定番スーツスタイル」が完成する。

もしくは、同系色で幅が太めの二色のストライプのネクタイを合わせるのは、「大人のスタイリング」として、エグゼクティブの人にお勧めのスタイリングだ。

八割の人がスーツのサイズを間違えている

スーツは身体にフィットさせるだけで、安価なスーツでさえ、格段にスタイリッシュになる。

少し前の日本では、だぶだぶしたスーツを着ている人が多かったが、最近はだいぶ身体にフィットしたものを着るようになった。

そもそも、ジャストフィットしたスーツを買うためには、自分のサイズを知っている必要があるのだが、男性で自分のスーツのサイズを知っている人は意外と少ない。

詳しくは後述するが、店に行けば、販売員が胸囲と胴囲を測り、その差から身体のサイズを割り出し、客のサイズに合ったスーツをバックヤードから持ってくるというのが一般的だ。

自分の身体とスーツのフィット感を高めるために、さらにお直しをして「ジャストサイズ」に近づけることもあるだろう。

ただし、既製服の「ジャストサイズ」がそのまま身体に合う人は、ほとんどいない。そして、「小さめのスーツ」を着る人はまずいないから、ほとんどの人は自分が動きやすいと感じる「少し大きめのスーツ」を選ぶのだろう。

店で「お客さまの身体にフィットしていますよ」と言われても、なんだかきつい感じがする。あるいは、立っている時はいいが、座ったり、荷物を持ったり、作業をしたりということを考えると、「もう少しゆとりのあるサイズが欲しい」。そう感じたことのある方も多いと思う。

「肩まわり」「背中」のフィット感を確かめること

実際のところ、「五万円のスーツのジャストフィット」と、「五十万円もするスーツのジャストフィット」とは、全く違う。

なぜなら、高額で上質なスーツは、人間の身体の構造、動きについて考え抜いた上でつくられているからだ。

たとえば、人間の肩というのは、胴体に対して、若干、前の方についているが、高額で上質なスーツは、こうした人間の身体に合うように、袖は前寄りについている。

一方で、工場でつくられているスーツの袖は、真横についている。

「肩まわり」「袖まわり」の動きやすさ、フィット感については、オーダーメイドの一着と工場でつくられる一着とでは全く違うのだ。

以前、高名な医師であるクライアントに、メディア対応のため百万円のスーツをつくっていただいたことがある。その時の仮縫いされたスーツは、本当に息をのむほど繊細で美しかった。それだけ「手間」がかかっているからこその、「ジャストフィット感」なのだと改めて感じ入ったものである。

とはいえ、普段の仕事着にそんなに高いスーツが必要かといえば、もちろんそうではない。

ただ、**「肩まわり」「背中」のフィット感がなるべくよいものを選ぶ**という視点を持って試着、購入することを心がけてほしい。同じブランドの同じサイズのスーツでも、「型」によって、より自分にしっくりくる一着が見つかるかもしれない。

だからこそ、スーツを買う時には、最低、五〜十着は試着してほしいのだ。

⚜「ボタンの数」と「衿の形」が発するメッセージ

さて、スーツのフロントボタンについては、「三つボタン」よりも「二つボタン」のものの方が、大人の男性にふさわしいエレガントさが出る。「ネクタイとシャツが見えるVの面積」が、三つボタンの方が少なくなるからだ。

ちなみに、衿元が詰まっているスーツほど「使われている人」というイメージが強くなる。リクルートスーツが三つボタンであることからも、それがわかるだろう。

また、衿の形で一般的なのは、**「ノッチドラペル」**である。

これは、「きざみ衿」という意味で、上衿（カラー）と下衿（ラペル）の間隔が開いているタイプのラペルのこと。シングルスーツの大部分は、このデザインだ。

もう一つ、ダブルのスーツやタキシードなどに使われ、「フォーマル感」が出る**「ピークドラペル」**という衿の形がある。

こちらは、「剣先衿」という意味で、下衿の衿先部分が尖っていて、上衿にぴったりとくっついている。

⚜「衿の形」一つでも印象は左右される

私のクライアントに、ある協会の代表理事を務めているT氏がいる。「協会の代表理事」とは、協会のアイコンであり、メディアそのものである。

そのポジションを表現するには、重厚感のある「スリーピース」が有効だ。ジャケットはダークネイビーの二つボタンのシングル、ベストには個性的で「正統派」である、クラシックモデルの衿つきのダブルを選んだ。

そして、代表理事としての立場を示すために、ジャケットの衿の形は、よりフォーマル度の高い「ピークドラペル」を選んだ。

このスーツを着用し、T氏のイメージカラーである「ロイヤルパープル」のネクタイをしめることで（紫は古来、高貴さを表わす色とされる）、品格や個性がひときわ際立つことになる。

この勝負スーツを着るようになってから、彼のビジネスは加速し、年収は二倍になったという。また、品格あふれるスーツ姿の代表理事の姿を見て、会員も誇らしく思っているようだと話してくれた。

スタイリングにみえる経営者の方と話していると、**「社長の見た目」がよくなると、社員のモチベーションも上がる**という。対外面でなく、社内的な影響力という意味でも、外見の持つパワーは大きいのだ。

「自分にフィットする一着」をどこで購入するか

では、実際にスーツをどこで買えばよいのか。以下に考え方を記していきたい。

百貨店……何でも揃い、サービスも充実

百貨店には、スーツをはじめ、シャツ、ネクタイ、シューズ、バッグ、カフリンクスや名刺入れ、ビジネス用の下着やソックスまで豊富に商品が揃っている。

私のクライアントは多忙なビジネスパーソンが多く、九州や関西からみえる方も多いので、短時間で効率よく買い物ができる新宿の伊勢丹にご案内している。

販売員の知識も豊富、中には専門的な知識を持つ方もいるし、フロアーを移動しての買い物も可能、配送サービス・特殊クリーニングに至るまで、きめ細やかなサービ

スが充実している。

品質・縫製共に質のよい日本ブランドもたくさん揃っている。最も品数が多いのは、七万〜十五万円くらいの価格帯のスーツ。体型に合わせてお直しすることで、限りなく身体にフィットするスーツを選ぶことも可能だ。

さらに、海外の歴史ある高級ブランドのスーツも購入でき、目的別にすべてのランクのスーツが揃っている。

大阪であれば、阪急メンズ大阪も日本のブランドスーツの品揃えは充実している。百貨店のよさは、小物も含めて「勝負スーツ」を演出する一式すべてが揃い、効率よく、満足のいく買い物ができる点にあるだろう。

オーダースーツ専門店……手ごろな価格で身体にフィットする一着を

かつては、オーダースーツ＝フルオーダーであり、高価なイメージだったが、現在ではイージーオーダー、パターンオーダーの技術が普及し、手ごろな価格でオーダースーツをつくれるお店が増えている。

オーダースーツの最大の魅力は、オリジナルの型紙をつくるところから手作業で行なうため、自分の身体にフィットすることである。もちろん、好みの色や素材を選べること、スーツに詳しい熟練の技術者や販売員が多く、スーツの知識が豊富なプロにアドバイスを受けられることも魅力だ。

「スーツはサイズが命」ともいわれる。買い物に慣れてきたら、行きつけのスーツオーダー店を持つことをお勧めする。

ただし、どの店も出来上がりまでに、平均三週間～一カ月はかかる。

スーツ量販店、デパートの催事……汎用性の高いデイリースーツ購入に最適

スーツの価格が最も安いのは、スーツ量販店だ。販売数が多いため、品質の優れた生地でも、大量購入により価格が抑えられている。

特に、高機能素材の開発によって、「洗えるスーツ」や「通気性に優れたスーツ」など機能性に優れたものが揃う。スーツ量販店で購入する場合は、まずはスーツの上下で三万～四万円前後のものを目安にしてほしい。

最近は、デパートの催事のスーツも、コストパフォーマンスのよい「インポート生地」「日本製」「トレンドスタイル」のものを企業努力で提供している。こちらは「二

着で五万〜六万円」を目安にしてほしい。

スーツの価格を決める「三つの要素」

ちなみに、スーツの価格は、大きく三つの要素で決まる。

一つめは、**「縫製の方法」**。手縫いの部分が多いほど、身体の曲線に合ったものに仕上がるし、時間も手間もかかるので、価格はそれに比例して高くなる。

二つめは、**「素材」**。糸の素材がカシミアや上質なウールなどの高級素材になるほど、また「番手《ばんて》」と呼ばれる糸の細さを表わす数字が高くなるほど値段も高くなる。価格帯の低いスーツは、布地のしなやかさや、シワの回復力が劣る。

三つめは、**「芯地」**。芯地とは、生地と裏地の間にある「服の骨」のような役割をし、形崩れを防ぎ、身体に沿う曲線をつくり出す。高価なスーツには、全体に緻密に計算された芯地が使用されているが、比較的価格が安いスーツでは、肩からウエストあたりまでにしか使われていないことが多い。

これらを踏まえた上で、価格と目的に応じてスーツを選んでほしい。

知っておきたい三つの法則《製法・型・サイズ》

スーツを扱う百貨店、専門店、セレクトショップなど、ほぼ九割の店では、スーツを「製法・型・サイズ」ごとに区分し、陳列している。

そこで、この三点について解説しよう。

⚜製法（オーダーシステム）……注文服の着心地、既製服の汎用性

日本では、紳士の洋装文化が入ってきた明治・大正時代、すべてのスーツは注文服（フルオーダー）であり、手縫いを主にしたハンドメイドが主流だった。

現在は、オーダースーツは**「フルオーダー」**と、手縫いとミシン縫いのそれぞれの

よさを合わせた**「パターンオーダー」「イージーオーダー」**の三つに分類されている。

フルオーダーは、テーラーや百貨店、「パターンオーダー」「イージーオーダー」はセレクトショップや百貨店のスーツ売り場にもあり、ロードサイドの専門店の片隅にもある。

「パターンオーダー」とは、店頭にある既製服を修正し、自分の身体にフィットさせていくオーダーシステム。

型紙をつくることはせず、サイズ変更ができるのは着丈や袖丈、三cm以内のウエスト調整など限られた部分のみとなる。

しかし、標準的な体型に近い人であれば、多少の修正をするだけで身体にフィットしたスーツを二〜三週間ほどの納期でつくることができる。

「イージーオーダー」は、工場にある百〜五百種類の豊富な型紙の中から、自分の身体に一番合うものを組み合わせて、補正を加えつつ仕上げるオーダー方法で、体型にフィットした一着を仕上げることができる。

様々な体型にも対応できるので、体型が標準型ではなく特徴的な人に向いている。裏地のデザインやボタンの変更、ポケットの有無など、個人の好みを反映できるなど選択肢が多い。

値段は五万～二十万円程度で、納期は三～四週間ほど。コストパフォーマンスの高いオーダースーツといえる。

近年は、三万～五万円前後のオーダースーツの人気が高まり、あつらえることのできる店舗もたくさんある。素材も高級化し、色や柄のバリエーションが多く、良品質のオーダースーツも増えてきている。

目的を考え、自分にとって「費用対効果の高いスーツ」を選んでほしい。

型（スタイル）……スーツの「三大源流」のうち自分に似合うのは？

現在のビジネススーツの起源には、英国のテーラーが一世紀という長い時間をかけて考案した「スーツの原型」がある。

そして、それがイタリア、フランス、アメリカに広がり、それぞれの国で独自の解釈を含みながら派生していった。

つまり、「クラシック・スーツ」には、

＊ブリティッシュ・スタイル（ゲルマン）
＊イタリアン・クラシコ（ラテン）
＊アメリカン・スタイル（アメリカ）

という三つのスタイルがあるのだ。現在も、ビジネススーツ売り場では、この三つのスタイルに大別されている。

ただし、日本で販売されている日本のブランドのスーツの多くは、日本人の体型に合うように、三つのスタイルをミックスしてつくられているものが多い。

基本的な特徴を知った上で、自分の体型に合ったスタイルのスーツを選ぶようにしたい。

ブリティッシュ・スタイル（ゲルマン）

スーツのルーツである英国に起源を持つスタイル。英国調スーツの特徴は、肩のラインが直線的で、肩先が鋭角なこと。軍服を規範にしたため、全体にカッチリとした、直線的でシャープな印象。右側のポケットの上に小さなポケットがあるのが特徴。

似合う体型……長身・細身体型～標準体型（中肉・中背）

代表的なブランド

＊ダンヒル（dunhill）【幅広い年代に愛される英国高級スーツ】
＊ティモシーエベレスト ロンドン（TIMOTHY EVEREST LONDON）【〝堅さ〟のないコンテンポラリーな英国調】
＊チェスター・バリー（Chester Barrie）【スーツ界のロールス・ロイス】
＊バーバリー（BURBERRY）【英国らしさとトレンドの融合】

イタリアン・クラシコ（ラテン）

イタリア・フランス系は、全体に丸みを持たせたシルエットで、肩幅が広くウエストが軽く絞られている。ゲルマンの流れをベースにしているが、角張らせた肩と少し広めのラペル（下衿）が特徴。男らしさとセクシーさのある柔らかな印象。

似合う体型……細マッチョ、やや太めのマッチョ～標準体型（中肉・中背）

代表的なブランド

＊キートン（Kiton）【世界の著名人、政治家が愛用する最高級スーツ】
＊エルメネジルド ゼニア（Ermenegildo Zegna）【世界のトップリーダーが愛用】
＊ブリオーニ（Brioni）【ハンドワークにこだわるイタリアの正統派スタイル】
＊ベルベスト（Belvest）【マシンメイドの最高峰】
＊ラルディーニ（LARDINI）【大人の色気とモダンスタイルの融合】

アメリカン・スタイル（アメリカ）

ブリティッシュ・スタイルの窮屈さを解消し、動きやすさと機能性を追求したスタイル。ナチュラルショルダーと絞り込まないウエストラインが特徴、さらにズボンも太め。後のアメリカン・トラッドにつながる原型でもある。肩肘《かたひじ》のはらないカジュアルさが特徴。

似合う体型……がっちり寸胴（大柄・小柄）～標準体型（中肉・中背）

代表的なブランド

＊ブルックス ブラザーズ（Brooks Brothers）【汎用性の高いアメリカらしいデザイン】
＊ヒッキー・フリーマン（HICKEY FREEMAN）【アメリカ大統領も愛したスーツ】
＊ラルフローレン（RALPH LAUREN）【今時らしく着こなせるアメリカン・スタイルとブリティッシュ・スタイルの融合】
＊ポール・スチュアート（Paul Stuart）【現代的に仕上げたアメリカン・トラッド】

サイズ――自分の「ジャストサイズ」を知る

自分の身体に合ったサイズのスーツを選ぶために必要なことは、何と言っても「自分のサイズを知っていること」である。
カジュアル服の場合であれば、お馴染みの「S」「M」「L」の表記をすぐに思い浮かべるだろう。

しかし、スーツの場合は、やや異なってくる。ショップでスーツのタグを見ると、
《A5・92‐80‐170》
のように記されている。

スーツのサイズ表記は、JIS（日本工業規格）で規定されている。
スーツを購入する際に見る「A5」や「AB5」といったサイズ表記のうち、「A」や「AB」という表記は**「体型区分」**のことで、「胸囲」と「胴囲」との「寸法差」

を表わしている。

「A」とは、この寸法差が一二cmの人の体型を指す（胸囲と胴囲との差のことを「ドロップ寸」と呼ぶ）。

この「A体型」の人が標準体型とされ、細身になるほどドロップ寸は一四cm（YA体型）、一六cm（Y体型）と大きくなり、太めになるほどドロップ寸は一〇cm（AB体型）、八cm（B体型）と小さくなっていく。

また、「A5」などと表記されるサイズのうち数字の方は、身長の区分を表わし、5号は一七〇cmとなる。

1号上がるごとに、身長はプラス五センチとなる。6号は一七五cm、7号は一八〇cmという具合である。

詳しくまとめたのが、次ページの表である。

まずは、信頼のおけるスーツ売り場で、自分のサイズを測ってもらうことをお勧めする。

スーツのサイズ表記

(胸囲)－(胴囲)＝16cm	→	Y体型	[細　身]
(胸囲)－(胴囲)＝14cm	→	YA体型	↑
(胸囲)－(胴囲)＝12cm	→	A体型	[標準体型]
(胸囲)－(胴囲)＝10cm	→	AB体型	
(胸囲)－(胴囲)＝ 8cm	→	B体型	↓
(胸囲)－(胴囲)＝ 6cm	→	BB体型	
(胸囲)－(胴囲)＝ 4cm	→	BE体型	
(胸囲)－(胴囲)＝ 0cm	→	E体型	[太　め]

Y、Aといった表記は「体型」を表わし、着丈が同じスーツでも「身幅」が変わる。細い方から、Y体型 → YA体型 → A体型 → AB体型 → B体型 → BB体型 → BE体型 → E体型となる。

A5・92-80-170 とは、胸囲92cm、胴囲80cm、ドロップ寸が12cmのA体型(標準体型)で、身長170cmの人に向けたサイズ、という意味になる。

～155cm	→	2号
～160cm	→	3号
～165cm	→	4号
～170cm	→	5号
～175cm	→	6号
～180cm	→	7号
～185cm	→	8号
～190cm	→	9号

「ブランド・マトリクス」の活用法

一二〇～一二一ページに掲載した「スーツブランドのマトリクス」は、服飾戦略の「勝負スーツ」としてお勧めのブランドを、「百貨店で購入できるもの」を中心にセレクトした。また、一二二ページには、「オーダーできるお勧めのテーラー」をスーツの平均価格帯ごとに紹介している。

百貨店で購入できるブランドのマトリクスは、**「価格帯」と「クラシック・モダン」**という二つの軸で分けた。

「クラシック」なタイプのスーツを中心に展開しているブランドは、士業や銀行員など「堅い職業、業界」にふさわしい品揃えだ。

「モダン」なタイプのスーツを展開しているブランドは、ＩＴ企業やマスコミ、プログラマーなど「ソフトな職業、業界」の男性に親和性が高い。

自分の職種、業界、また予算を勘案し、マトリクスを参考にしてスーツを購入してみてほしい。

なお、ブランドの選定の基準としたのは、

◇品格と存在感、クラス感があり、信頼され、尊敬されるビジネスパーソンにふさわしいスーツを提供しているブランドであること
◇流行に流されることなく、最低でも五年間は着用可能なスーツをつくっていることであること
◇ジャケパンスタイルであっても、カジュアルすぎない、品格ある品揃えのブランドである。さらに詳しい情報を得るために、事前にそのブランドのＨＰを見ることをお勧めしたい。

衣服に対する哲学やこだわりなど、自分の目指す理念に近い「モノづくりの精神」があるかということも、選択肢の一つである。

勝負スーツに該当するスーツは、必ず店に出向いて試着をし、販売員とじっくり相談し、着比べてから選んでほしい。

その際は、仕事時の服装で出かけること。販売員は店に入ってきたあなたの姿から、職業を推測し、サイズの合ったスーツを着ているかを見極め、何をお勧めしたらよいかを考える。

また、スーツの袖丈は、ワイシャツを着ていなければ正確に割り出せないし、パンツの裾《すそ》も仕事の時にはく靴を基準に直すからだ。


購入時の接客を通じ、信頼のおける販売員だと感じたら、名刺交換をしておくと、次回からは「馴染みのお客さん」として接してくれるはずだ。

また、スーツを試着したら、「後ろ・正面・横向き」の姿をスマホで画像にとってもらうとよい。その上で、衿元のVラインや上着のネックポイント、肩やウエストのラインや袖丈などを販売員と一緒に確認してほしい。

なお、日々着用するデイリースーツは、目的に応じ、着心地や機能性を重視したスーツを量販店などで上手にセレクトするのもよいだろう。

たとえば、「洋服の青山」は団塊世代向けの高級品に力を入れており、実際にデザインや素材の質にこだわっているし、「ＡＯＫＩ」はプライベートブランドを豊富に用意し、それぞれの体型に合ったスーツを選択してほしいという姿勢が感じられる。

「コナカ」は、シャワーで洗えるスーツなど、機能性を持たせた新素材のスーツなどにも力を入れている。

（勝負スーツ）ブランド

→ モダン（MODERN）

スーツの平均価格

伊 Belvest 上質で伝統的な 洗練されたスタイル 日 RING JACKET 日本の技術を駆使した クラシックスタイル 伊 ARMANI COLLEZIONI シャープでモダン、 スッキリ細身スタイル	伊 ISAIA 伝統的なナポリのテーラード・ モダンスタイル 日 ICHORAI 質の高いファブリック、 洗練されたシルエット
伊 I.NFOLIO+ 英国＋ナポリのモダン& スタイリッシュ 米 Paul Stuart NY発、トレンドと洗練・ モダンスタイル	伊 TAGLIATORE イタリアならではの上質素材と色使い 伊 BOGLIOLI デザイン性が高く、上質なイタリアらしい 軽やかな仕立てのスーツ&ジャケット 伊 LARDINI クオリティの高い技術、 モダンなデザイン
英 RICHARD JAMES 遊び心で存在感を放つ実力派 米 Calvin Klein スッキリとしたシルエット・ 年齢層が広い 日 BARNEYS NEW YORK 細部に凝ったスタイリッシュブランド 米 J.PRESS カジュアルながら正統なスタイル	日 TOMORROWLAND PILGRIM 基本を踏まえ、素材・細部に トレンドミックス 英 Paul Smith 素材・裏地までこだわる デザイン性の高いスーツ 日 EPOCA UOMO 細部に凝ったスリム& スタイリッシュスーツ 日 BLACK LABEL CRESTBRIDGE 伝統とトレンドを融合させた 若々しいモダンな清潔感

クラシック
（CLASSIC）

ここぞという時のスーツ

伊 Brioni
高度な技術・上質で伝統的なスタイル

伊 GIORGIO ARMANI
上質なエレガントスタイル

米 HICKEY FREEMAN
柔らかな仕立て・着心地のよさ

英 Aquascutum
流行にとらわれない王道

伊 Ermenegildo Zegna
高級生地メーカーであり、
世界的スーツブランド

伊 CORNELIANI
クラシックとモダンが融合した
着心地のよさ

米 Brooks Brothers
汎用性の高いアメリカンデザイン

¥200,000

英 MACKINTOSH LONDON
トラッドテイストが基本。シンプルで上質

英 AUSTIN REED
英国王室御用達×ブリティッシュトラッドの
本流

伊 FRANCO PRINZIVALLI
イタリアのスタンダードスーツ。
普遍のデザイン

英 HACKETT LONDON
入門用にも最適な英国スタンダード

日 D'URBAN OMBRARE
日本人の体型に沿い、上品で着心地がよい

米 RALPH LAUREN
堅苦しくない上品クラシック

英 TIMOTHY EVEREST LONDON
"堅さ"のないコンテンポラリーな英国調

仏 LANVIN COLLECTION
英国調をフランス風に洗練

日 CERRUTI 1881
意匠を凝らした上質素材・
洗練されたシルエット

¥100,000

独 HUGO BOSS
流行を追わないベーシックな安定感

日 NEWYORKER
シーンを選ばないベーシックスーツ

英 dunhill
幅広い年齢層・落ち着きのある
デザインスーツ

日 五大陸（ごたいりく）
日本紳士のスタンダードスーツ

日 ÉDIFICE
かっちりしすぎない英国スタイル

英 PETER JOHNSTON
粋な素材・モダンで構築的な
ウエストシェイプ

日 UNITED ARROWS
クラシックを基本にした
トレンドミックス

日 SHIPS
英国の伝統スタイルを
現代風にアレンジ

日 TAKEO KIKUCHI
日本のビジネスマン向けの
英国スタイル

¥70,000

日本のオーダースーツ専門店

スーツの平均価格

●銀座 高橋洋服店（東京）

●salone Ondata Takizawa Shigeru（東京）

¥200,000 --

●銀座英國屋（関東・中部・関西）

●RING JACKET MEISTER（東京・大阪・博多）

●IL SARTO（東京・大阪）

¥100,000 --

●tailor LATO（東京）

●FIVEONE（東京・静岡・大阪・富山）

●銀座テーラー（東京）

●LONNER（東京・東海・九州）

●COLLABORATION STYLE（東京）

●銀座山形屋（北海道・関東・大阪）

¥50,000 --

●Salone PARTENZA（東京・大阪・札幌・仙台・名古屋）

●azabu tailor（北海道・東北・関東・中部・関西・九州）

●HANABISHI（北海道・東北・関東・東海）

●ONLY（北海道・仙台・東京・静岡・名古屋・京都・大阪・広島・福岡）

●オーダースーツのヨシムラ（東京・大阪）

Column

「女房の目」について

イタリア、イギリスでは、

「スーツを買いに行く時には、女房を連れて行くな」

と言われている。なぜなら、女性は「自分の趣味」で男の服を選ぶからだ。

あなたの奥さんは、あなたがどんな人と仕事をしているのか、どんな取引先とつきあっているか、知っているだろうか。

奥さんが「似合う」と言っている時、その「似合う」という言葉の「基準」は何かをはっきりさせておく必要があるだろう。

重要なのは、その服を着た姿が、

「理想のパパ」

ではなく、

「仕事ができる男」

「稼ぐ男」

に見えるかどうか、だ。

もし、奥さんとスーツを選びに行くのであれば、メンズのファッション誌を見せるのではなく、この本を一緒に読むように勧めてほしい。その上で出かければ、あなたのクローゼットは効率的になるだろう。

笑い話だが、女性が集まると、

「旦那のスーツは、安いもので十分」

と言っているのに、その同じ口で、

「もっと稼いできてほしい」

と言う。それは、おかしいのだ。

いい仕事をする男には、それにふさわしいスーツが必要だと、しっかりと確認させてほしい。

Chapter 05

「細かいところ」ほど見られている

……ワイシャツ、ネクタイ、カフリンクス——
「ここ」を疎かにするな

紳士服とはあくまでも社会的なファッションであり、
社会的なルールに則った正しい服装こそが美しい服なのだ。

……ハーディ・エイミス（ファッションデザイナー）

ワイシャツ選びで「一番大切なこと」

さて、本章では、シャツやネクタイなど、スーツを着る時に欠かせないアイテムの選び方について知っておくべきことをまとめていきたい。

ワイシャツ選びで最も大切なのは、「自分の身体に合うサイズ」を知ること。具体的には**「首回り」**と**「ゆき丈」**が基準になる。

「首回り」とは、首の周径に一・五〜二cmを足したサイズのこと。「ゆき丈」は首の中心から肩を通り、手首までの長さである。

まずは、この二つがフィットするものを選ぶのが基本である。

最近、ワイシャツの第一ボタンを外してネクタイをしめている人をよく見かけるが、これはだらしなく見えるので絶対にやめてほしい。

ワイシャツがきついという理由で第一ボタンを外しているのかもしれないが、そうならないためにも、自分の首回りに合ったサイズのものを身に着けることが大切だ。シャツはネックサイズの実寸より二㎝ほどゆとりがあるものを選んでほしい。

⚜「衿の開き」と「台衿の高さ」――ここに注目

「衿の開き」と「台衿の高さ」には、いくつか種類があり、体型によって似合うもの、避けた方がよいものがある。

最も一般的な衿は、**レギュラーカラー**。これは、衿の開き具合が七五度くらいのもの。ややクラシックな印象を与える形だ。

セミワイドカラーは、今、最も一般的な衿の開き具合のもので、九五度前後くらいある。**ワイドカラー**はかなり広く、一〇〇～一四〇度。**ホリゾンタルカラー**といって衿の開きが一八〇度近くのものまである。

「台衿」の高さについては、「首が長い人」は、台衿が高いデザインを選び、必要以上に首が出ないようにすること。ワイシャツから首が長めに出ていると、頼りなく見えるからだ。

前述したが、「イタリアン・クラシコ」テイストの「ドゥエボットーニ」と呼ばれるシャツは、喉元にボタンが二ついているため、レギュラーカラーシャツに比べると台衿が高くなっており、首が長い男性にはお勧めだ。

逆に、「首が短い人」が高い台衿のシャツを着ると、顔が大きく、窮屈に見えてしまう。

首が短い人は、台衿が低めのシャツ、またワイドカラーやホリゾンタルカラーなど衿の開きが広いシャツを選び、ネクタイのノットを太めにすると窮屈に見えない。

スーツの着こなしでは、**ジャケットの衿からシャツを一・五㎝ほどのぞかせる**のが基本。これよりもシャツの衿が高く出ていると、スーツスタイルのバランスが崩れ、衿だけが目立ちすぎる。

なお、顔の近くにある「衿」は、歴史の中では自らの「富」や「権力」を示す装飾として使われてきた。また、軍隊では階級章などをつける場合もあり、それらは襟《えり》章《しょう》と呼ばれていた。

そうした経緯もあり、「衿が異常に目立つ＝自己顕示欲が強い」と見られやすいことも覚えておいてほしい。

シャツの「衿の形」は、ジャケットに合わせる

ちなみに、ボタンダウンのカラーシャツは、カジュアルな印象を与えるので、クールビズやジャケパンスタイルなどで着用するのはよいが、通常のスーツスタイルなどでは、避けた方が無難である。

なお、ピンホールカラーのシャツは、衿の中ほどに穴を開けてピンを通し、ピンの上にネクタイを通すと立体的に見えるようになるアイテム。衿元がスッキリし、理知的な印象を与えてくれる。

タブカラー（衿と衿の間にループとボタンがつき、衿をとめられるようにつくられ

ているシャツ）と同様に、衿元を引き締める効果があるのが特長だ。そのため、タイの結び目は小さい方が衿元に収まりやすく、顔が小さめで、首が細くて長い人によく似合う。

また、衿の形（開き具合）は、上に着るジャケットに合わせるとスマートだ。ジャケットの上衿（カラー）と下衿（ラペル）の縫い目のラインを「ゴージライン」というが、ワイシャツの衿の開きと「ゴージライン」が平行に近いと、衿元がスッキリして見える。

揃えておくと間違いがない色

シャツは古くは、ヨーロッパにおける肌着（下着）と解釈されていたため、ジャケットやコートなどの上着やウエストコート（ベスト）に隠れ、衿部分と袖口しか見えないもので、上着が直接肌に触れないよう汚れを防ぐという働きをしていた。

このことからもわかるとおり、ワイシャツを毎日着替えるのは鉄則で、最低でも一週間分は揃えておくことをお勧めする。

どんな色、柄のネクタイにも合わせやすい**白、淡いブルー、白地に淡いピンクやブルーのストライプのクレリックシャツ**などを中心に揃えておくのがいいだろう。

ちなみに、日本のスーツ量販店のシャツは、「費用対効果が世界一」だと私は思っている。速乾性や形状記憶など、着心地を追求した素材開発も進んでいる。

その上、素材の「織り方」の種類も多く、高級感があって、縫製も綺麗。価格もデパートの三分の一である。通販用のホームページも開設されており、一度お店に出向き、サイズを測ってもらえば、次回からはネットでも購入できる。

ただ、欠点を言うと、「首回り」と「袖丈」の寸法でサイズ分けをしているので、ジャストサイズにはならない。

「身体にフィットすること」を優先してシャツを選ぶなら、やはりカスタムオーダーがお勧めだ。

しかし、オーダー品は身体に沿う美しいシャツができるが、費用はかさむ。毎日、清潔なシャツに着替えて、傷んだらこまめに買い替え、美しさをキープすることを考えるのも大切だ。

最近は、ボタンホールにだけ色糸が使われている、衿のふちの部分にだけカラーのパイピングがしてあるなど、デザイン性を加えすぎたシャツも多く売られているが、ビジネスシーンで「品格」を保ちたいのであれば、凝ったデザインのシャツは避けること。

クールビズでノーネクタイの時には、第一ボタンを開けても胸元が崩れないボタンダウンやスナップダウンをお勧めする。なお、クールビズの装いについては六章でも詳述する。

ネクタイ選びに「知性」が表われる

ネクタイ選びには、「マナー」に関する知識が必要不可欠だ。

メディアで見かける謝罪会見で、謝罪している人物が赤やピンクの派手な明るい色を身に着けていたり、カジュアルなニットタイをしめていたりしたら、たちまち「不謹慎な人だ」というレッテルを貼られ、非難されるだろう。

ネクタイが発するメッセージは大きいのだ。

ネクタイの揃え方のポイントは、三つある。

まず、しっかりとした素材を選ぶこと。ネクタイを強く握った時に、上質なネクタイであれば、シワになりにくく、シワの戻りが早い。

また、ネクタイを軽く持って左右に軽く振り、よじれるかどうかで品質を確かめる方法もある。上質なネクタイであれば、糸の密度が高く、加工に手間ひまをかけているため、ほとんどよじれない。

また、「着用の目的」別に、五本以上は揃えること。スーツ姿の時、ネクタイは相手に最も強い印象を与える。自分の「イメージカラー」を中心に、毎日替えることを前提に本数を揃えてほしい。

「トレードマーク」として使用する場合、勝負スーツ用に同じ色柄のネクタイを二本、購入される方もいる。

ネクタイの「色」が語ること

服飾戦略では、自分が相手に与えたいイメージや自身の理念と合う「イメージカラー」を決めておき、ネクタイにその色を取り入れる。ここでは一般的に、ネクタイの色が与えるイメージを挙げてみる。

・赤系……力強く外交的、やる気があり華やかな印象を与えられ、情熱を感じさせたい勝負の日や営業の日に選びたい色。原色に近づくほど活発で、暗くなるにつれて落ち着いた印象を与える。また赤には、自分の気持ちを前向きにする力もある。

・青、水色系……日本では、ビジネスシーンにおいて最も使われている色といっても過言ではないほど人気の色。礼儀正しい、信頼できるという印象を与えるので、目上の人と会う時、大切な商談の時などに着用してほしい。知的、真面目、若々しいといった印象、信頼感を相手に与えられる。色が濃くなると落ち着いた印象に、水色に近づくと爽やかな印象になる。

・ピンク……優しい、気配りができるという印象を与えられる色。女性とのコミュニケーションを円滑にしたい日、デートの日、甘え上手になりたい時に着用するとよい。

・黄色系……明るさや親しみやすさといった、ポジティブな印象を与えることができる色。コミュニケーションを円滑にする効果もあるといわれ、初対面の人と会う日、発言力が欲しい時に着用するとよい。ただ、カジュアルな印象にもなるので、金融業界など堅い業界では着用を控えたいところ。

・**緑色**……穏やかで話しやすい印象を与える色。込み入った話をしなければならない時や、相手を安心させたい日、トラブルを避けたい時に着用するとよい。

・**ブラウン**……堅実で、落ち着きがあるという印象を与える色。自分の心身を安定させたい時、大人の余裕を感じさせたい日につけると効果がある。

・**グレー**……慎重で冷静沈着という印象を与える色。交渉事など、相手に自分の感情を読まれたくない時に身につけるとよい。また、「クールな人」と思わせたい時にも効果的な色。

「柄」の持つイメージを戦略的に活用する

どんな柄を選ぶかによっても、自分の「相手に与える印象」をコントロールできる。

・無地……〈品格・誠実〉

改まったフォーマルシーンから、通常のビジネスシーンまで幅広く使うことができる。素材の品質がストレートに伝わるので、無地のネクタイほど良質なものを選ぶこと。色や素材、織り柄にこだわってみるのがポイント。

・ドット……〈伝統・上品〉

存在感があるのにシンプルなため、着回しが利く。場所を選ばず、一年を通して使えるが、春夏に着用すれば涼しげな印象を与えられる。ビジネスシーンでは、小さなドット柄を選ぶこと。ストライプスーツとの相性は抜群。

・小紋柄……〈理性、安定〉
幾何学模様やフラワー柄など様々な柄があり、上品で誰からも好印象を持たれる。柄が大きいとカジュアル、小さいとクラシックな印象になる。ビジネスシーンでは、小さな柄を選ぶこと。

・レジメンタル……〈爽やかさ、勤勉〉
フレッシュで知的な印象を与える定番の柄。細面の人にはストライプの間隔が広いネクタイ、丸顔の人にはストライプの間隔が狭いネクタイが似合う。

ただし、もとは「軍隊の流れ」をくむ柄なので、海外では特定のグループ（大学など）に所属しているという意味を持つ。海外の方とのビジネスの場では、着用を避けること。

・チェック……〈親しみやすさ〉
カジュアルで親しみやすい印象を与える。ビジネスシーンでは、色数が少ないものを選ぶこと。またスーツと同系色でまとめること。

・ペイズリー……〈個性、存在感〉

イランやインドで生まれた柄がイギリスに伝わり、ネクタイに使用されるようになったものだが、個性的な印象を与える。大きさや色の組み合わせで着用する人の存在感を引き立てる効果がある。

ちなみに、無地、ドット、小紋はフォーマルな場所でも安心な柄である。

ただし、「柄の使い方」には注意が必要だ。

ストライプのスーツに、ストライプのシャツ、ストライプのネクタイ……。せっかくシャープな印象を与えるストライプ柄を選んでも、スーツ、シャツ、ネクタイと、すべてがストライプでは、残念な印象になる。

同様に、ブロックチェック（大きめのチェック柄が碁盤の目のように並んだ柄）のスーツに、ギンガムチェック、小紋柄のネクタイなど、柄を取り入れすぎると、ごちゃごちゃした印象になり、「整理ができない人」という印象を与えてしまいがちだ。

スーツ、シャツ、ネクタイの組み合わせでは、基本的に柄は二つまで。

柄で印象を与えるよりも、素材や布地の織り方で「上質感」を演出するよう心がけること。

⚜素材は「シルク」を選べば間違いはない

なお、ネクタイの生地にも、いくつかの種類があるが、**シルク**が最も一般的に使われている素材で、あらゆるビジネスシーンで使うことができる。まずはシルクのネクタイを選んでおけば、間違いはない。

ウールは弾力に優れていてシワになりにくく、重厚感がある。秋冬にぴったりの素材で、スーツスタイルに手軽に季節感を取り入れられる。シルクのネクタイと違って光沢がないので、光沢のないフランネルやツイードなどの紡毛《ぼうもう》素材（短い羊毛繊維でつくられ、柔らかく起毛しやすい）のジャケットと合わせること。

綿のネクタイは、肌触りがよく、マットで落ち着いた風合いになる。カジュアルなシーンなど、「カッチリ決めすぎたくない」時などにお勧めである。

また、**ポリエステル**は安価で手入れがしやすく、半合成繊維と呼ばれる**アセテート**はシルクのような感触、光沢を持つ。これらは汚れを気にせずに仕事をしなければならない時などに使うとよい。

それから「ニットタイ」は主にシルクや綿などで春夏用のものが多いが、ウールやカシミヤを使用した秋冬素材もあり、工夫すれば季節を問わず使用できる。ビジネスカジュアルが許されている職場、プライベートなど、着用できる機会も広い。

なお、ネクタイを結ぶ時にノットの下に入れるえくぼ（くぼみ）のことを**ディンプル**という。ディンプルは、ネクタイを美しく立体的に見せるためのテクニックの一種で、胸元が立体的に見える。

ネクタイのマナー上、ディンプルを入れることは必須ではないが、「入れた方が品格が出る」ことは間違いない。

ただし、弔事の席ではディンプルを入れないのがマナー。

勝負スーツを「格上げ」してくれるネクタイのブランド

ここで勝負スーツを格上げしてくれる、お勧めのネクタイのブランドを紹介したい。

ステファノ リッチ（STEFANO RICCI）

イタリア生まれ。緻密なプリーツが畳まれたストライプのネクタイは芸術品の域に達する精巧なつくり。シルクの上質な光沢と華やかでありながら上品な色使いが特徴。
★価格：三万円〜

シャルベ（Charvet）

フランスの洗練を象徴するような、独特な光沢感のある上質なシルク素材、ひときわ目を引く華やかな色味は、身に着けた瞬間に、圧倒的な品格と存在感を与える。まさに「パワーネクタイ」と呼ぶにふさわしい珠玉のネクタイ。
★価格：二万一千円〜

イー マリネッラ ナポリ(E. MARINELLA NAPOLI)

ナポリの老舗ネクタイブランド。セッテピエゲと呼ばれる、生地を七つ折りにして縫製する伝統的な製法でつくられる。そのふんわりとしたつけ心地は、多くの著名人に愛されている。
★価格：二万七千円〜

ドレイクス(Drake's)

「ソリッドタイ（無地のネクタイ）ならドレイクス」と言われるほど、定評のあるイギリス発のブランド。五〇オンスの「ロイヤルツイル」が有名。セブンスレッドシルクと呼ばれる高級な撚《ね》りあわせ（七本撚り。通常は四〜五本撚り）をした糸を使って高密度に織り上げるため、通常の倍近くの厚みがある。最高級の素材と上品な光沢で、ボリューム感のあるVゾーンが完成する。
★価格：二万千円〜

ルイジ ボレッリ(LUIGI BORRELLI)

もともとシャツの仕立て屋であったため、「シャツに合う最高のネクタイ」を求めてつくられ始めた。クオリティを感じさせる独特の縫製法と仕上げのアイロンワークにより、ふくらみがあり、しめやすいネクタイ。
★価格：一万六千円〜

フランコ バッシ(FRANCO BASSI)

一九七三年に、世界的に有名なシルクの生産地、イタリア北西部のコモでオーナーのフランコ・バッシによって創業された、イタリアでは有名なブランド。上質なシルクを使った革新的かつ伝統的で美しいネクタイで、シルクの滑らかな肌触りが評判。
★価格：二万五千円〜

「カフリンクス&タイバー」でさりげなく存在感を演出

カフリンクスやタイバー、ピンバッジは、服飾戦略では重要な意味を持つ。

なぜなら、スーツスタイルには基準となる「ルール」が多い中で、〝遊び心〟が許される数少ないアクセサリーだからである。

これらは、袖元や胸元を華やかに見せたり、少し格式張って見せたりすることができる便利なツールである。

また、小さな面積だからこそ、こだわりの一品を使うことで、ビジネスシーンのアイスブレイク（緊張感を解くためのきっかけ）になる話題を提供する効果的なアイテムにもなる。

企業など組織に勤める方は、ピンバッジは使えないことがほとんどだろうし、カフリンクスもハードルが高いと感じられるかもしれないが、ぜひ挑戦していただきたいアイテムである。

あえて「大胆なモチーフ」を選んだ理由

私のクライアントでも、地球儀や動物などのモチーフに自分の理念を託したカフリンクスで「存在感」を演出している人は多い。

たとえば、E氏は、大手企業の技術開発事業部で製品の企画開発に従事後、独立して「企画・開発コンサルタント」をしている。

起業三年目のE氏は、

「さらにビジネスを飛躍させて収入を上げ、一目で『できるコンサルタント』に見えるスタイリングを」

というご依頼で私のもとを訪れた。

ヒアリングシートを拝見し、E氏の「強み」を具体化していく過程で決定した「スタイリング・コンセプト」は、

「豊かな知恵と冷静な判断力で、ビジネスを飛躍させる開発コンサルタント」。

通常のスタイリングでは、「イメージカラー」となるネクタイから選ぶが、Ｅ氏の場合は、アイコンとなるような「ピンバッジ」と「カフリンクス」を最初に選ぶことにした。

スーツのピンホールにさすピンバッジには、立体的な造形の「王冠を載せたカエル」がモチーフのデザインを選び、「カエル＝飛躍、冠＝成功」と定義。

また、カフリンクスに選んだフクロウは、古代ギリシアでは女神アテナの従者であり、「森の賢者」「知恵の象徴」とされていることから、「コンサルタント＝知的な職業」というイメージを象徴するものとした。

また、二つともシルバー色のものを選んだが、「冷静、知的であるコンサルタント」としてのイメージを表わすという意味合いを込めた。

⚜「コンバーチブルカフス仕様のシャツ」を選んでチャレンジ

とはいえ、ここまで大胆なデザインやモチーフのカフリンクスを使うのは、ハードルが高いと思う。自身の職場や職種にふさわしいデザインをセレクトするのも、教養の一つ。

〃はじめの一歩〃としては、ボタンの形に近いもの、あるいは布製のシルクノットカフスボタンなどが使いやすい。ただし、あまり色を遊びすぎないこと。ネクタイの色に合わせるとコーディネートしやすいだろう。

カフリンクスのつけ方だが、まずカフリンクスを利用できる、袖口の両側にボタンホールがある「フレンチカフス（ダブルカフス）のシャツ」が必要になる。

このフレンチカフスの袖の端をそろえ、両側のボタンホールの位置が重なるようにし、その状態のまま両側のボタンホールにカフリンクスを通す。通した後は、カフリンクスのとめ具を固定する。

通常のボタンとボタンホールに加えて、ボタンの横にもボタンホールが開けてある「コンバーチブルカフス」仕様のシャツでもカフリンクスを利用できる。

ちなみに、カフリンクスは十七世紀、フランスで発祥したブラウスの袖口をとめるための実用品だった。

石と石を貴金属のチェーンでつなげるスタイルから始まり、貴族の間でしだいに「装飾品」として広まっていった。ナポレオン三世の時代（十九世紀半ば）には、貝ボタンや貝殻を利用したカフリンクスが数多く生産された。その名残から、ワイシャツに貝ボタンがつくようになったのである。

⚜タイバーで胸元に立体感を

タイバーは胸元に立体感を出し、ネクタイのずれを防いでくれる。カフリンクスとセットで使うと存在感が増す。

ワニ口と呼ばれる部分を広げ、ネクタイの大剣（幅が広く、表面にくる部分）と小剣（幅が狭く、裏側にくる部分）、シャツの三つを同時に挟み込むようにして装着する。

チェーンがついている場合は、チェーンの先端につけられたボタンかけをシャツのボタンに装着し、チェーンがしっかりと張る位置で、ネクタイの大剣、小剣、シャツを挟み込むようにする。

なお、タイバーは上に着たジャケットから少し顔をのぞかせる程度の位置に装着するのが基本。個性を出したいなら、やや高めの位置にとめてもいい。

シャツのみの時は、ジャケットを着た時と同じ位置でもいいが、少し下に装着すると、前かがみになった時にネクタイが邪魔になりにくく、実用性が増すだろう。

最近、あるＩＴベンチャー企業で、若手営業マン向けの企業研修を行なった。きちんとした会社、結果を出せる会社に勤める「できる社員」に見えるように、マナー的なことも含めてスーツスタイルの基本について教えてほしいとのご依頼だった。その時に、タイバーの着用率が高かったことに、正直、驚かされた。

話を聞くと、プレゼンなどの席で書類を取り出したりする時に、ネクタイが邪魔になるのが「かっこ悪い」から着用するのだそう。また、気を遣ってカフリンクスをする機会も少なくないという。

また、クールビズの時期であっても、取引先が堅い会社の場合は、ニットタイを着用して訪問するそうだ。研修に参加している男性で半袖のシャツを着ている人は一人もいなかった。

この企業の社長は服装への意識が高く、その影響もあって社員も気を遣っているのだろう。

ベンチャーだからこその「緊張感」にあふれているのを感じた。若手の営業職の男性などは特に、タイバーやカフリンクスに挑戦していただきたい。

⚜「存在感」が光るカフリンクス&タイバーのブランド

以下に、存在感が光るカフリンクスとタイバーのブランドを紹介したい。

タテオシアン(TATEOSSIAN)

一九九〇年に、ロバート・タテオシアンによってイギリスで創立されたカフスブランド。地球儀や方位磁石、時計内部が見えるスケルトン構造のものなど、緻密で精巧、独創的なデザインから、一躍カフリンクスのトップ・ブランドとなり、世界三十五カ国の百貨店等で取り扱われている。

★価格：一万六千円〜

トンプソン(THOMPSON)

タテオシアンの兄弟ブランド。ラインストーンや七宝・石と金属を組み合わせた、価格がリーズナブルで遊び心があるデザインが多く、世界中の百貨店で取り扱われている。

★価格：一万円〜

ダンヒル(dunhill)

英国王室御用達であり、馬具専門製造・卸売業を受け継いだアルフレッド・ダンヒルが、「エンジン以外のものすべて」をコンセプトに立ち上げたブランド。そのコンセプトどおり、高級で風格ある硬質なデザインのものが豊富。

★価格：二万円〜

「足下」にまで気を配れる男が成功する

ヨーロッパの一流ホテルなどでは、ホテルマンは客の足下を見て、相手のクラスを推し量るという。

私もこれまで多くのビジネスパーソンに出会ってきたが、稼いでいる男性は、ほとんど例外なく、足下にまで配慮が行き届いていた。

スーツに合わせるビジネスシューズは、黒か茶色が基本となる。

形は、先が丸い「ラウンドトゥ」と、先が長い「ロングノーズ」があり、現在はラウンドトゥが主流。

なお、正式なビジネスシーンでは靴紐がついた革靴をはくのが基本。靴紐をいちいち結ぶ必要がないローファー（足の甲の部分にU字型のパーツが縫いつけられ、その上に飾り帯状の皮がついた紐なしタイプの靴）は不向き。「ローファー」は、英語ではloafer「怠け者」という意味になる。

紐もベルトもついていないローファーのような靴のことを総称して「スリッポン」と呼ぶが、その名のとおり、まるでスリッパのように足を滑らせてサッとはけるのが特徴。スーツ着用時にはふさわしくない。

ビジネスシーンで大切にすべきなのは、取引先や職場で会う相手。**「楽をすること」と「相手の印象をよくすること」は反比例しやすい**ので要注意である。

以下に、ビジネスシーンではくシューズの基本タイプを紹介しよう。

・**ストレートチップ：**ビジネスシューズの基本となる、つま先に横一文字の切り替えが入ったデザイン。紐つきの革靴の中で最もフォーマル度が高く、ビジネスパーソンならまず持っておきたい一足。

・**プレーントウ：**呼び名のとおり、つま先に飾りがないシンプルなデザイン。ドレスシューズの基本で、応用が利く。

・**ウイングチップ**：つま先の切り替えがW字型で縫いつけられている靴。その名のとおり、鳥の翼のような見た目。メダリオン（つま先周辺に小さい穴をたくさん開けた飾り装飾）も一緒に施されることがある。

・**ホールカット**：一枚の革だけでつくられる靴。底以外の部分に継ぎ目をつくらず、甲全体を包むようにつくるため、高度な技術が必要とされる。装飾がないため、上品な印象を与える。

また、ベルトはブランドのロゴマークなどのない、シンプルな角形を基本とし、靴の色と揃えること。スリーピースを着用する場合は、サスペンダーを使用したほうが、ウエストまわりがスッキリする。

メガネは「顔の印象」を一瞬で変える

メガネは、「顔の印象」を一瞬で変えてしまうという便利な側面もある反面、選び方を間違えると、「相手に与えたい印象」とは全く違った印象を与えてしまうこともある。

かけた時の印象を左右するのは、**「素材」**と**「フレームの形」**だろう。

メガネの素材には、シルバーやゴールド色の金属素材を使った「メタルフレーム」、セルロイドやアセテート、べっ甲を使用した「セルフレーム」、フレーム全体、またはフロント主要部分が金属やプラスチックの組み合わせでつくられた「コンビネーションフレーム」の三種類がある。

一般的に、メタルフレームは、真面目、信頼感、きっちりしているといった印象を与え、セルフレームは、柔らかい印象を与える。

また、フレームについては、試着する時に、以下の点に注意して選ぶようにしてほしい。

1　顔の幅より大きなメガネはNG

メガネが「顔の幅」よりも大きいとだらしない印象になり、逆に小さいと顔の大きさが強調されてしまう。顔幅の九割程度の大きさのメガネを選ぶようにすること。

2　フレームの上のラインが「眉と平行」になるメガネを

フレームの角度が上に向いているとキツイ印象、下に向いていると頼りない印象を与える。「眉と平行」になるフレームのメガネを選ぶこと。

3　縦幅が長すぎるレンズはビジネスでは不向き

レンズが縦に長すぎると、カジュアルな印象になる。「レンズの長さ」は「鼻の長さと同じくらい」のものを選ぶとよい。

⚜顔の七難を隠す「戦略的なメガネの選び方」

次に、応用編として、「顔の形」に合ったメガネの選び方をご紹介する。

まず、顔が大きい人は、縦幅があり、直線的なデザインのフレームを選ぶこと。色は寒色系を選べば、顔が引き締まって見える。

逆に、顔が小さい人は、丸みを帯びた縦幅があまりない小さめのフレームで、色は、明るくて淡い膨張色を選ぶとよい。大きなフレームは小顔が目立ちすぎることにつながるので注意すること。

面長……スクエア型で顔を引き締める

眉を直線的に整え、スクエアタイプのフレームを選ぶこと。四角いスクエア型は、シャープで知的な印象になる。顔を引き締めて見せる効果があるので、丸顔や優しい印象の人が商談に臨む時や、イメージを変えたい時にお勧め。曖昧な印象が減じられて、表情が引き締まる。

「知的な印象」を与えたい場合は、「細めのメタルフレーム」が、「親しみやすさ、人情派」を強調したい場合は、「セルフレーム」がお勧め。

丸顔……シャープなフレームでキリッとした印象を

眉を直線的に整え、カットがシャープなフレームや、六角形などの変則スクエアタイプを選ぶ。顔の一部にキリッとした部分が入ることで、ぼんやりした雰囲気を消すことが可能になる。直線で構成されたスクエアタイプのフレームは、顔の引き締め効果も期待できる。

知性を強調したい場合は、シルバー系のメタル素材、精悍で頼もしく見せたい場合は、ダークネイビーや黒のセルフレームがお勧め。

三角顔……丸みのあるラウンドタイプでソフトな印象を

眉ラインに丸みを持たせて太めに整え、丸みのあるラウンドタイプのフレームを選ぶこと。

正円に近い形で、喜劇役者ハロルド・ロイドがかけていたことから「ロイドメガネ」と呼ばれるフレームを選べば、存在感を際立たせることができる。

「知的で温かい」印象を与えたい時にはメタル素材を、「寛容で包容力のある印象」を与えたい場合は、暖色系のカラーセルフレームを選ぶこと。

四角顔……オーバルタイプで柔らかい印象をプラスする

眉ラインに丸みを持たせ、あまり太さを強調しないように整え、丸形に近いオーバル(楕円形、卵形)タイプを選ぶこと。

写真をとってみてチェック

メガネは「自分にないもの」を補おうとして失敗するケースが多い。たとえば、幼く見えてしまうのがコンプレックスの男性が、大人っぽく見せたいからとステンレスのフレームを選んでしまう、といった場合がそうだ。

また、メガネは顔を覆う面積が大きく、「人相」にも影響するので、何本も試し、お店の人にスマホで写真をとってもらうなどして、慎重に選んでほしい。

私は、スタイリングの際、メガネを新調していただくことも少なくない。

たとえば、面長で肌が白い、五十代の金融コンサルタントS氏が使用していたのは、大きめのスクエアの銀縁メガネだった。眉のカーブと眼鏡のトップライン（フレームのカーブ）が合っていなかったので、大きな眼鏡をかけている印象だ。

そこで、「999.9（フォーナインズ）」の、やや小ぶりのセルタイプのメガネを新調することにした。フレームのタイプは、優しいイメージのオーバル形にした。

すると、「知的で温和な頼れるコンサルタント」の顔が完成した。

スタイリングしたメガネと服装で自信をつけたS氏のビジネスは順調に軌道に乗り、自著も出版、大学の准教授にも就任され、ますます活躍の場を広げておられる。

そのバッグでは出世できない

ビジネスシーンで使用するバッグには、オーソドックスなブリーフケースやアタッシェケースのほか、最近ではトートバッグや、リュックやショルダーにもなる3WAYタイプと選択肢も豊富になっている。

気の張る商談用、根を詰めて内勤をする日用など、用途に応じて揃えておくのもよいだろう。

日々、使用するバッグはお手入れをしっかりすることで、パリッとした清潔感を演出できる。

革製のバッグであれば、汚れをタオルで払い、革専用の栄養クリーム（無着色のもの）を米一粒分くらい、柔らかい布につけて少しずつ塗っていく。その後、から拭きし、汚れやすい手持ち部分は、消しゴムをかけるか、革用のリムーバーを使うかして汚れを落とすこと。

また、ナイロン製のバッグは、購入後に撥水《はっすい》スプレーをかけておくと長持ちする。二〇cmくらい離れた位置から、全体に満遍なくかけること。

普段のお手入れも、ほこりはブラシなどで払い、汚れてしまったら、中性洗剤を水にとかし、そこにタオルをひたして固く絞ったもので拭くとよい。

保管する場合は、中に新聞紙など薄い紙を詰めておくことで変形を防ぐことができる。日の当たらない、風通しのよい場所で保管すること。

「買い換え」のサイン

また、「バッグの傷み」は、意外と人に見られている。

破れや退色、すり切れ、雨の染み模様がついてしまった、明らかな型くずれを起こしていることに気づいたら、修理をする、新しいものに買い換えることなどが必要だ。

高価な革製品であれば、破れや金具の破損、持ち手のすり切れなどは、購入した店で修理してもらえる。

本革の素材は摩擦に強く、すり切れにくいが、雨に弱く、色落ちする場合もあるので、使用時には注意を払うこと。雨の日には使わない、レインカバーを使う、定期的なブラシやクリーム（ワックス）での手入れといったケアが必要だ。

安価な合成皮革（合皮）素材は、雨に強いが、持ち手がすり切れやすく、同じくナイロンバッグもすり切れが発生しやすい。

合皮のバッグは安価だが、短いサイクルでの買い換えは必須である。また、ナイロンなどの素材が毛羽立ってしまったもの、紫外線で退色してしまったものも寿命なので買い換えてほしい。

⚜品格があり、スーツスタイルにも合うバッグブランド

ここでは、品格があり、スーツスタイルにも合うお勧めのバッグブランドを紹介しておく。

ヴァレクストラ(Valextra)

一九三七年にイタリアで創業されたブランド。すべての製品が高品質、かつシンプル美を追求。イタリアならではの色展開が豊富で美しく、ブランドの王様であるエルメスの名を借りて、「イタリアのエルメス」と賞賛されることもある。

名刺入れや長財布など、革小物のラインナップも充実しており、特に名刺入れは容量も多く色も美しい。

自分の理念に合うのであれば、オレンジやピンク、イエローなど、イタリアならではの美しい色をセレクトしてほしい。ベルトなども生産している。

★価格：バッグ 三十四万五千円～、小物 三万八千円～

セラピアン(SERAPIAN)

ミラノで一九二三年に創業した、老舗レザーバッグブランド。クラフトマンシップを守り続け、ハイクオリティなコレクションを展開。数々のメゾン（オートクチュールの店、デザイナーが主宰する会社）にもレザーグッズを提供している実力派ブランド。イタリアトップクラスの老舗メーカーとして、「すべてがイタリアンメイド」というこだわりと優れた品質が国内外で高く評価され、英国王室の御用達にもなっている。ジャズ・ポピュラー歌手のフランク・シナトラが愛用していたことでも有名。

★価格：九万九千円～

グレンロイヤル(GLENROYAL)

スコットランドの中西部エア州で創業され、ハイグレードなブライドル・ハイド（馬具用皮革）を使用したバッグ、財布、小物などを開発。伝統的な素材、技術を継承しつつ、時代の要求する機能性を加えたコレクションを発表している。製品はスコットランドの職人によりハンドメイドでつくられている。使い込むうちに艶が増し、手入れをしながら楽しむ大人の品格を磨く鞄。

★価格：六万五千円〜

トゥミ(TUMI)

一九七五年の創業以来、優れたデザイン性と卓越した機能性を追求するトゥミは、世界中のエグゼクティブに愛用されている。耐久性に優れたバリスティックナイロン（通常のナイロンより強度、耐久性の高いナイロン）を採用するビジネスバッグを主に、モダンなデザインを数多く展開している。

★価格：四万八千円〜

オロビアンコ(Orobianco)

おしゃれにこだわりのあるビジネスパーソンから支持を集めるオロビアンコは、イタリア・ミラノ発のファクトリーブランド。機能性を重視した素材を使い、細部にまでこだわったハイセンスなデザインが特長。

★価格：二万八千円〜

Column

迷った時には、この「装い」で間違いはない

さて、「存在感のある着こなしを」「自身の理念を表現する装いを」とは言うものの、これまで服装についてあまり考えてこなかった、あるいは今日すぐにでも手持ちの服でコーディネートしたいという方のために、以下に目的別の「間違いのない装い」を紹介したい。

○商談……基本を押さえて「信頼」を得る

初めての取引先では、先方の担当者がどのような方かわからない場合が多いので、スーツの基本を厳守したクラシックスタイルで出向くこと。

また、商談の席では、相手との距離が近いため、髪、手先、爪、肌が清潔に保たれているか確認してほしい。また、名刺入れや小物のペンなどにも目が行きが

ち。いかにもくたびれた名刺入れは品格を落とす。自分のクラスにふさわしい小物を選び、美しく保つこと。

・スーツ……ダークネイビーのシャドーストライプか無地の、光沢のある上質素材。
・シャツ……凸凹のある織り柄の白無地で、高級感のあるもの。
・ネクタイ……スーツより明るめのライトブルーの無地。もしくは紺地に白のドットや小紋柄。肉厚の上質なシルク素材。

○プレゼンテーション……ネクタイに「思い」と「情熱」を重ねる

顔まわりのVゾーンに視線が行くプレゼンでは、「色の与える心理効果」を戦略的に使うと効果的。「プレゼン＝赤ネクタイ」では、ネクタイだけが目立ち、逆効果になることもある。スーツとシャツ、ネクタイのバランスが大切だ。

・スーツ……「品格・洗練・思慮深さ」などのイメージを与えたいのであれば、チャコールグレーの無地。「誠実・知的・論理的」というイメージを強調したければ、ダークネイビーのシャドーストライプか、目立ちすぎないストライプ。
・シャツ……凸凹のある織り柄の白無地で、高級感のあるもの。「知性」を強調するならライトブルー。
・ネクタイ……深みのあるワイン色に近い赤で「情熱」を表現。光沢と高級感のある肉厚の上質なシルク素材を選ぶこと。朱に近い赤は、逆効果。

○接待……穏やかで親しみやすく「心地よさ」を与える

接待の場では、コミュニケーションを活性化させる効果を持つ、イエローやオレンジの小紋柄やストライプで顔まわりを明るくすること。座敷に上がる場合も想定し、ソックスはスーツの色に合わせ、脛《すね》が出ない長さのものを着用すること。

・スーツ………ネイビー系、もしくはグレー系の、シワになりにくい無地の光沢のある上質素材。
・シャツ………凸凹のある織り柄の白無地で高級感のあるもの。上着を脱いだ時、袖口やネクタイが目立つので、シンプルなカフリンクスとタイバーを着用するとよい。
・ネクタイ……明るめのイエローかオレンジの小紋柄、もしくは無地、ストライプ。事前にネクタイに汚れ防止スプレーをしておくこと。

○講演……存在感と華やかさで魅了する

メインスピーカーの時は、華やかで存在感のある装いをし、ゲストスピーカーの場合は、メインスピーカーより一歩引いた装いを心がける。

注意点は、三つある。

まず、登壇する背景の色と重なる色のスーツは避けること（淡いグレーは要注意)。二つめは、光を吸収するマットな素材は避け、光を美しく反射する艶やかな素材を選ぶこと。そして、三つめは百名以上の広い会場の場合は、淡い色は避けること。

・スーツ……………ネイビー系、もしくはグレー系の、光を反射する光沢のある上質素材。
・シャツ……………凹凸のある織り柄の白無地で高級感のあるもの。
・ネクタイ……光が反射すると光沢が美しい肉厚シルクのもの。無地か織り柄。ストライプの場合は、二色使いのものを選ぶこと。

○謝罪……地味でシンプルな装いで、誠実さと謙虚さを表現する

謝罪の場では、「謙虚・地味」に見える衣服を選ぶことが鉄則だ。避けるべきは光沢素材や華やかな色や柄。光沢を感じさせない艶消し素材のスーツを着用すること。

・スーツ………ネイビー系、もしくはグレー系のマットな素材。
・シャツ………平織りの無地。色は白。ボタンダウンはカジュアルな印象になるので避けること。
・ネクタイ……グレーの無地。ストライプは避けること。

○転職の面接……「自分の価値」を上げる装いを

「ヘッドハンティング会社から声をかけられたが、その面接で何を着ていけばいいか」

という相談を受けることがある。

「転職の面接」での装いで重要なのは、**「ヘッドハンティングされたポジションにふさわしいクラスの人間」**であることを証明するような服、「入社後に活躍している姿を連想させる服」を着ていくことだ。

たとえば、トレンド感が大切な業界の転職面接なら、やはりそのようなニュアンスが言外に伝わるものを着た方が、「話がわかる人」という印象を与えやすいだろう。

逆に、苦労を感じさせる服装、くたびれた感じを与える服装は、絶対に避けてほしい。新しく入ってくる人材には、どこの会社も「勢い」や「実績」を期待するからだ。

・スーツ……黒に近いミッドナイトネイビーの光沢素材。（四十代以上であれば、ミディアムグレーの控えめな光沢素材のスーツ）
・シャツ……凸凹のある織り柄の白無地で高級感のあるもの。基本のドレスシャツ。シンプルなカフリンクス。
・ネクタイ……肉厚シルクの小紋や無地。「求められる人材」の資質に合わせ、戦略的に色を選ぶことが大切。

○通夜・社葬……「お悔やみの気持ち」を謙虚に表わす

お通夜の服装マナーは、時代とともに変化しつつある。

通夜は「急いでかけつける」もの。ダークスーツと呼ばれているダークネイビーやダークグレーのスーツであれば問題ない。前日、あるいは当日の朝にお通夜の予定が決まった場合は、喪服で参列するのが一般的。

地域によっては、お通夜に喪服を着ていくことは失礼にあたることもあるので、配慮ある選択をしてほしい。

・通夜……ダークスーツに白のシャツ、黒のネクタイ、黒のソックス。
・社葬……黒の喪服。同じ黒でもビジネス用の黒スーツは避ける。

Chapter 06

「何を着るか」は教養であり知性である

……恥をかかないために大切なこと

ほとんどの人がうまく装うことをファッショナブルに装うことと取り違えています。
上手な装いとはまず第一に自分に合った服を選ぶこと。
次にその服をちゃんと体に合わせ、正しく身につけること。
そして最後に自分らしさを加えることです。

……アラン・フラッサー（ファッションデザイナー）

稼いでいる人の服装、残念な人の服装

平日の朝の羽田空港に行くと、これから出張に出かけるビジネスパーソンと行き交う。アタッシェケースを手にした、「見るからにエグゼクティブ」という人も多いが、彼らには清潔感があるのはもちろん、気持ちのいい緊張感が漂っている。

ジャケットの肘やパンツの膝が出ていることもないし、もちろんスーツにはシワなど寄っていない。

稼いでいるビジネスパーソンで、「だらしない人」というのは、ほとんどいない。彼らは「見た目」が自分の仕事に及ぼす影響をよくわかっているから、外見に気も遣えば、お金も使う。

私の顧客には、ビジネス書ベストセラーの著者が何人もいるが、例外なく見た目がきちんとしている。スリーピース着用率も高い。ある人は、いつも百貨店でシャツのオーダーをしているが、毎回同じ人に採寸してもらい、あつらえているという。

「見た目」をきちんとすれば、「きちんとした人」と思われる。また、本人の意識も違ってくる。

たとえば、百万円のスーツを着て立ち食いそば屋に入ったり、居酒屋に行ったり、ジャンクフードを食べたりはしないだろう。

つまり、**服装一つで、自分を律することができる**ようになる。

前述したように、すべてのスーツが勝負スーツである必要はない。それでも、「今着ているスーツよりもワンランク上のスーツを」と私がお伝えするのは、そうすることで自分を変えるスイッチが入り、背筋が伸び、言葉遣いも変わり、自信がついてくるからだ。

その「見た目」では出世は望めない

逆に、残念な人の典型は、ぶかぶかなスーツを着ていること。

非常に優秀で緻密な仕事ぶりの人であっても、大きいサイズのスーツを着ているだけで「雑」「だらしない」と思われてしまう。

大きめのスーツを着ると、まず肩が落ちてくる。そして、そういうスーツを着ている人に限って、ポケットに物を入れるので、余計に肩が下がってくる。

基本的に、スーツのポケットには、何も物を入れないでほしい。

「清潔感」の他に、「堅実さ」や「知性」なども、すべて服装の「細部」から推し量られている。

袖口が汚れている、ネクタイにシミがついている、ジャケットの袖口がくたびれている――そんな服装の男性を見た時、私は、「四隅が揃えられていない状態でホチキス止めされた書類」を見たような気持ちになる。

仕事でも、服装でも、何においても「細部」にまで気を配れることは成功するために大切な条件だと思う。

⚜自分の「立ち位置」と「将来性」を俯瞰してみる

私は、女性のスタイリングも手がけているが、男性の方が「なりきりスイッチ」が入りやすいし、スーツを着た途端に、本当に「別人になる」ケースを何度も見てきた。

何よりも、

「服装を変えることで、目に見えて稼げるようになる」

のは、圧倒的に男性だ。

男性は、女性と比べて「自分のことを鏡で見る習慣」がないだろう。

「自分が着ていて、着心地は悪くないか」については考えても、「それを着た自分がどう見えるか」という視点があまりない。

特に、最近の若い世代には、「自分さえよければいい」というような風潮がなくもない。

リクルートスーツと大差のない服装のまま、「気づいたら三十歳になっていた」というような例も多い。

服飾戦略は、自分の「立ち位置」や「将来性」を俯瞰《ふかん》で見つめ直すチャンスだ。

最近は、クールビズが浸透し、カジュアル化が進み、スーツの売り上げも以前と比べて落ちているという。

そんな時代だからこそ、逆にスリーピースを着こなせる人、きちんとした服装ができる人は、まわりと差がつき、稼ぐ力をつけるチャンスがあると考えている。

大きな組織で出世する人の服、独立起業して成功する人の服

さて、「稼ぐ人」と一口に言っても、企業に勤めて出世する人もいれば、独立起業して成功する人もいる。

お勤めの人、たとえば丸の内の優良企業などに勤めている人に求められる服装といえば、ベースにあるのは「良識」だ。

「良識があって、規範の中で最善を尽くす」というのが、丸の内などの企業で出世していく人の条件だろう。

そんな人たちにふさわしい服装といえば、「ノリの利いたパリッとしたワイシャツに、ダークネイビーのスーツ、目的に合ったネクタイ」のような、いわば「王道」の装いだろう。

一方、独立起業してのし上がっていく人たちの装いに絶対的に必要なものとは、「主張」や「存在感」だ。ある種、「クセがある」装いともいえる。

ただし、最近では、企業にお勤めのビジネスパーソンでも、何社も集まるプレゼンの場で自身をアピールしたい、絶対に仕事を取りたい、そのために「存在感のあるスタイリングをお願いします」という人が増えている。

そういう場合、たとえ相手企業が堅い業種であっても、「凝っているな」と感じさせる装いが必要だ（ただし「奇抜」と思われないように注意）。

そのような時は、カフリンクスなどもつけて、装いで差をつけるようにアドバイスしている。

なぜ、成功する人はいつも同じ服を着ているのか

「成功する人は、いつも同じ服を着ている」

これは「定説」である。

たとえば、スティーブ・ジョブズは、いつも「イッセイ ミヤケ」の黒のタートル

ネックを着ていたが、その装いはアップル社の「アイコン」になっていた。また、オバマ大統領も、いつも光沢のあるダークネイビーのスーツを着ている。

成功する経営者は、自分自身が「アイコン」の役目を果たしていることをよくわかっている。普通のビジネスパーソンも、自身を「アイコン」化していくことを心がけるとよいだろう。

私の親しくしている経営者の方に、コミュニケーションに関する社団法人の代表理事を務めているN氏がいる。ネイビーのスーツに、オレンジ色のネクタイとチーフをトレードマークにしており、名刺入れなどの小物も全部、オレンジで統一している。

彼はいつもそのスタイルで活動をしているので、「N氏」といえば、「オレンジ色の人」と周囲に印象づけている。

「圧倒的な包容力」と「太陽をイメージさせる温かさ」というスタイリング・コンセプトに基づいての服飾戦略なのだが、テレビの仕事でマツコ・デラックスさんにお会いした時、

「紺とオレンジの組み合わせ、普通はダサくなるのに、素敵じゃない！」

とほめてもらえたとのこと。

「相手の記憶に残ることができた」典型的な例だろう。

その外見で、目的は達成できるのか

もちろん、相手の記憶に残る外見という時には「インパクト」も大事だが、自分の「年齢」や「仕事でどんなことを目指しているのか」に沿った外見でなければ、逆効果になることも多い。

先日、経営者が集まる勉強会に出席し、三十代のＩＴ系企業の社長さんとお目にかかり、名刺交換をした。すると、その名刺には明るめのグレーのスーツを着て腕組みをした本人の写真が印刷されていた。

「相手の記憶に残る名刺を」と思ってのことなのだろうが、これは逆効果だろう。明るいグレーのスーツはおしゃれすぎるし、これから営業をして一流企業と取引をしたいのであれば、年上の人にかわいがられなければならない。

しかし、その外見（服装、ポーズ）では、小生意気に見えてしまうのだ。「存在感」を演出しているつもりが逆効果になっている典型例だろう。

年代ごとに「装い」をどう変えていくか

さて、もし、今あなたが二十代で、これから組織の中で出世していきたいのであれば、「三つボタンのスーツ」に「レジメンタルのネクタイ」をしめて、「忠実さ、忠誠心」をアピールすれば、上の年代の人たちからの受けはよくなるだろう。もちろん、ダブルのスーツは生意気に見えるので決して着ないこと。

そして、シャツは毎日替えて、「清潔感」に何よりも気をつけ、同期よりも少しだけ「素材」や「質感」のよいスーツを着てほしい。それだけで「アイツはどこか違う」という印象を与えられる。

品格のベースになっているのは、「素材」や「質感」だと私は思っている。

これは、「レストランでステーキを食べる」のと同じで、ファミレスで出される牛肉とホテルのレストランで出されるそれは、質が違う。

素材のよいスーツを選べば、「同じように見えるけれど、何か違う、品がある」と思わせ、まわりと差をつけることができる。そこがメンズの服装の要《かなめ》でもある。

しかも、**「上質のものを選べる、見分けられる」**とは、それだけ**「知識がある」「見る目がある」**ということだ。

「選べる賢さ」とは、すべての仕事に求められるものだろう。**「察しがよい」**という印象につながり、上位者から好意的に受け取ってもらえるのだ。


もちろん、「高ければいい」「高いスーツを買いなさい」という意味ではない。織り柄のいい生地のスーツを選ぶ、ネクタイは同じシルクでも肉厚なものを選ぶなどの視点で探せば、「手頃な値段で買える良質なもの」はある。

そして、そんな一着を選べるよう、「目を肥やす」ため、勉強のため、「一流を知る」ために、自分にはまだ手が届かない五十万円もするスーツを試着してみるといった「背伸び」も大切だ。

この時、「今日は、下見に来ました」と一言つけ加えればいい。販売員は、「では、次は買いに来てくれるかもしれない」と思い、いろいろと試着させてくれるだろう。

若ければ若いほど、そうした冒険ができる自由もある。

そして、その服を着た自分を見て、「自分はこんなに、格好よかったのか」と気づいてほしい。

⚜四十代になったら「スーツのグレード」を変える

では、三十代、四十代と年を重ねていくにつれて、装いはどのように変えていけばよいだろうか。

それは、**年をとるほどに「上質な素材」のものをワードローブに増やしていく**こと。体型も変わっていくし、役職も変わるだろう。常に「一歩先の自分」を目指すようなグレードのスーツを選び、未来を切り開いてほしいと思う。

特に目立つのがネクタイだ。二十代の装いではレジメンタルのネクタイを勧めたが、年齢が上がるにつれてレジメンタルタイは徐々に減らして、無地や小紋柄、ドット柄に変えていくこと。

スーツを購入するお店も、二十代から三十代半ばくらいまでは「ザ・スーツカンパニー」などで購入してもよいが、二十八歳から三十代半ばには「ビームス」「ユナイテッドアローズ」などのセレクトショップに挑戦してほしい。カジュアルの服も売っているので、違和感なく選べるだろう。

そして、三十五歳になったら、百貨店のイージーオーダーでスーツをつくり、四十代にもなれば、ぜひ、伊勢丹でスーツを買えるようになってほしい。柔らかい業界の人であれば、「ユナイテッドアローズ」から「バーニーズ ニューヨーク」に替えてもよいかもしれない。

常に「今の自分より上」の装いにチャレンジする

とにかく、「今の自分より上」と思えるような冒険、チャレンジは果敢にしてほしい。

洋服はまだ手が届かなかったとしても、本当にいいお財布やネクタイなどを購入してみるのもいい。

たとえば、二万円のネクタイをした日には、ラーメンを食べに行かないだろう。そういう「いいもの」を使うことで生まれる緊張感が仕事にもいい影響を及ぼすし、クローゼットに徐々にそういうネクタイが揃っていくと、男としての自信にもつながるのではないだろうか。


私が特にお勧めするのは、**名刺入れを高級なものに替える**こと。

名刺入れは、取引先の方の名刺を入れるもの。綺麗に手入れをしながら使うことは、相手へのリスペクトになる。

以前、とてもぼろぼろの名刺入れを使っている男性と名刺交換をしたことがあるが、あの名刺入れのままでは出世もおぼつかないだろう。

男性が出世するために、名刺入れを大切にするのは、とても重要なことなのだ。

「着こなしの基本」を制する男になる

男のビジネス服の起源は、英国にある。

一六六六年、チャールズ二世によって、「衣服改革宣言」が出され、スーツの原型が決められた。

とはいえ、それは三百五十年も前のこと。上着の丈は長く、下半身はブリーチズ（半ズボン）、長髪のかつら、ハイヒールというい出立ちで、現在のスーツのイメージとは、似ても似つかないスタイルである。

では、どこが「スーツの原型」になったかというと、「スーツの組み合わせ」システムである。

「上着（コート）＋ベスト＋下衣＋シャツ＋タイ」という組み合わせでつくる男の正装が「スリーピーススーツ」の原型だ。

これが時代の中で少しずつ形を変え、「上着（ジャケット）＋ベスト＋パンツ＋シャツ＋タイ」へと変化し、現在に至るまで脈々と受け継がれてきたのだ。

「男の服装の基礎」として、どの欧米諸国も「ルール」を踏襲する。

着こなしで恥をかかないために、まずは、着こなしの「基本のルール」をしっかりと押さえてほしい。

⚜男のビジネススーツ「着こなし」七つのポイント

1 ジャケットのフロントボタンは、「一つがけ」が基本

まず、ジャケットのフロントボタンのかけ方について。

二つボタンスーツの場合は、上ボタンをかけ、下は外しておく。また、三つボタンスーツの場合は、上の二つのボタンをかけ、下は外しておくのがルールだ。

また、フロントボタンが三つついており、一番上のボタンとボタンホールがある箇

所に、ラペル（スーツの下衿）の折り返しがかかっている仕様のジャケットのことを「段返り三つボタンジャケット」というが、このジャケットの場合は、ボタンをとめるのは真ん中だけ、と覚えておいてほしい。

また、立っている時は、ボタンをとめるのが基本。全くとめていないと不躾《ぶしつけ》な印象になる。

逆に、座る際には、ボタンを外すのが正しい着こなし。

なお、「スリーピーススーツ」のベストについては、一番下のボタンは必ず外しておくこと。

ジャケットのポケットについているフタの部分は「フラップ」と呼ばれ、元々は雨やほこりからポケットを守るためにつくられたものだ。

汚れる心配がない室内では、フラップをポケットの中にしまうのがマナーだが、最近ではフラップを出したまま着用ということも多くなった。

ただし、屋外であっても、パーティなどのフォーマルな場面ではフラップをしまうこと。フォーマルウエアは「フラップなしが正装」とされているからだ。

2 ドレスシャツはレギュラーカラーか、セミワイド

スーツを美しく見せるのは、レギュラーカラー、またはワイドカラーのシャツである。スーツを着る時に、シャツの衿先がジャケットから飛び出してはいけないので、注意すること。

スポーティな印象のオックスフォード生地のボタンダウンのシャツは、スーツの下に着るのには不向き。例外として、段返り三つボタンスーツには着用してもよい。

3 インナーがすけてはいけない

ドレスシャツは、下着から発達した歴史があり、そのために紳士の装いとしては「素肌に着るのが正式」とされている。ただし、吸水性が高く、シャツの下に着ていることがわからないように工夫された高機能のアンダーシャツが開発され、着用する方も多い。白かベージュのVネックであれば、許容範囲。

4 ネクタイとラペルの幅は「一：一」で合わせる

ラペル（スーツの下衿）の幅とネクタイ幅は同じであることが基本だ。ネクタイの

長さは、ベルトのバックルに剣先がかかる程度に結び、最後にディンプル（くぼみ）をつくること。

なお、フォーマルな場面、ビジネスの場では、細いラペル幅のジャケット、ナロータイ（大剣の幅が四～六㎝のもの）は避けること。

5 ポケットは「飾り」と心得る

身体にフィットさせるようにつくったスーツの美しいシルエットが崩れてしまうので、前述したとおり、基本的にスーツのポケットに物は入れないこと。「どうしても」という時は、薄い長財布を内側の胸ポケットに入れることだけは許容範囲だ。

また、胸ポケットにチーフをさすのはルール違反ではない。ただし、ビジネスの場では「ＴＶフォールド」（次ページ参照）以外の折り方はＮＧなので要注意。

6 ベルトの穴は五つ穴の真ん中

ベルトは、自分に合ったサイズ、靴と同色を選ぶこと。そして、ベルトの穴は、五個のうちの真ん中でしめられる長さを選ぶ。

ポケットチーフのたたみ方（TVフォールド）

シャツと同色か、ジャケットと同系色が基本

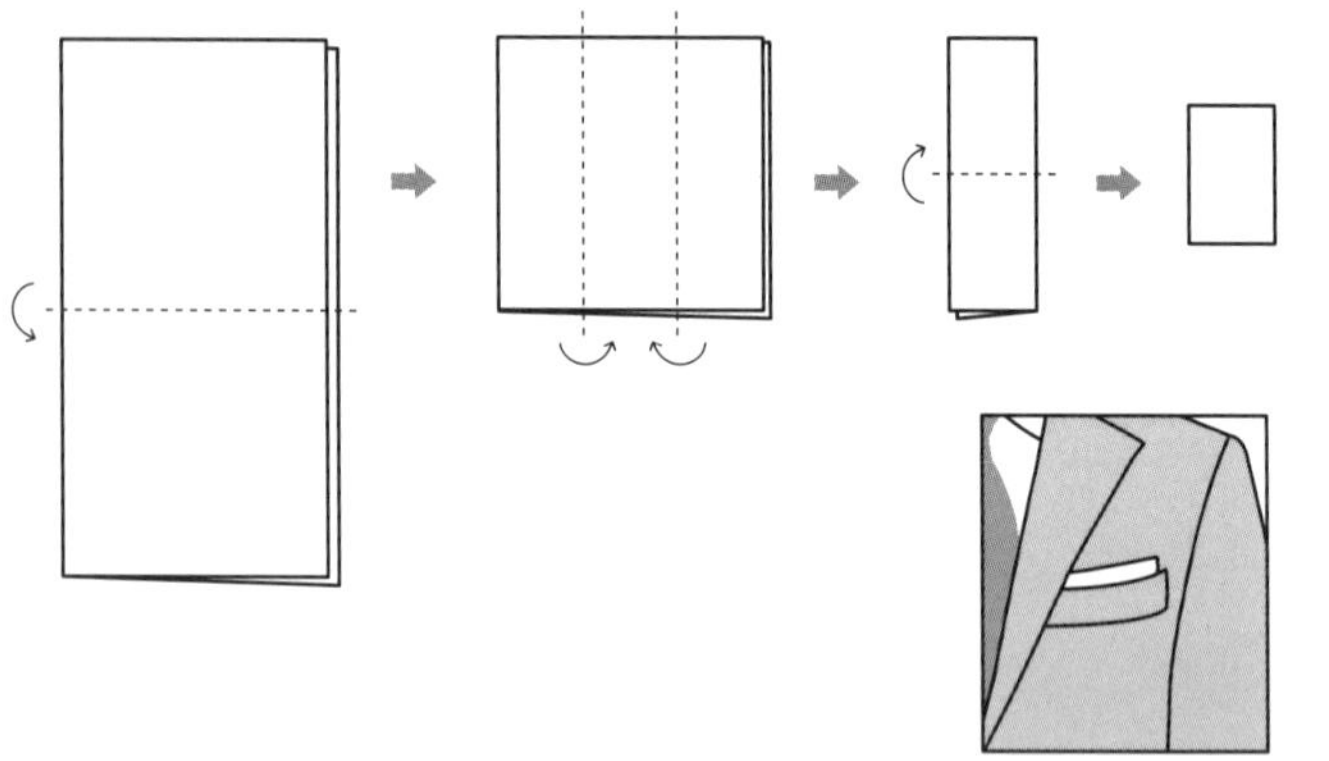

　また、ベルトの幅は、三～三・五cmを目安にしてほしい。
　光沢のあるシンプルなものがスーツの品格を上げるだろう。

7　脛毛が見えない長さのソックスを

　スーツスタイルの時のソックスは、パンツかシューズの色に合わせること。

　ビジネスの場では、白い無地や柄物のカラフルなソックスは避ける。

　足を組んだ時に、パンツから脛がのぞいてしまうような短い丈のソックスは避けるのがマナー。極力、肌を見せないよう注意すること。

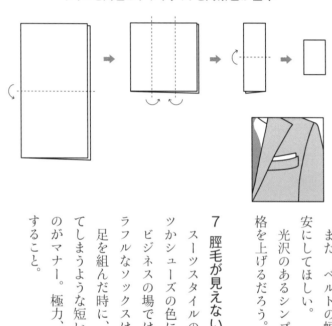

スーツを型崩れさせないために

なお、一日着たスーツは、汗やほこりを吸収して、シワもでき、においもつく。放っておけば確実に型崩れするので、スーツを休ませ、できるだけ元の状態に戻しておくこと。

帰宅してスーツを脱いだら、陰干しして水分を飛ばし、その後、ブラッシングすることが重要だ。

「ハンガーの形」は、肩のラインに合う厚いものを選ぶこと。肩の部分が前方にゆるやかにカーブを描いているものがお勧めだ。針金ハンガーはシワが寄る原因になるので避けること。

「マネジメント力の高い人」と映る外見

さて、服飾戦略に基づいてスーツを揃え、着こなしのルールを完璧に守っていたとしても、「身だしなみ」がなっていなければ、一瞬でぶちこわしである。

むだ毛や口臭、爪の汚れ、不摂生を感じさせる体型などは、一瞬で相手に不快感を与え、存在感そのものにもダメージを与える。他人が口に出して注意しにくいことだからこそ、特に注意してほしい。

ビジネスの場では、指先や爪は、思いのほか見られている。清潔で手入れの行き届いた手元は、**「微細なところにも目配りができる人」**という印象を与えることにもつながる。最近は、メンズ専用のネイルケア専門店も増えているので、一度試してみるとよいだろう。

また、健康的な肌や体型の持ち主は、日頃から体調管理に気をつけ、自らを律することのできる**「マネジメント力の高い人物」**と周囲に認識される。

清潔感があって健康的な外見は、それだけでアドバンテージになるのだ。

「見た目」への投資――メンズエステの賢い利用法

O氏は、支店長まで務めた銀行を早期退職して起業した五十代のコンサルタントだ。年齢よりも、かなり落ち着いて見える外見で相談にみえた。

銀行員時代は、自分自身をお客さまに印象づけたり、アピールしたりする必要はなく、むしろ「目立たないくらいの方がよかった」とのこと。数多くの経営者の融資相談に乗り、また現場を指揮する支店長も務めてきたO氏は、毎日、多忙をきわめ、「見た目」などは全く気にすることがなかったという。

しかし、独立してやっていくには、「見た目」にも、それまで以上に気を遣う必要がある。

まずは「オジサンっぽさ」を払拭《ふっしょく》し、「若々しさ」を取り戻していただくために、服装をスタイリングする前に、「髪型、肌」を整えることから始めた。

そこでお連れしたのが、理容室を併設した「メンズエステ」だ。白髪が目立ち始めているので、生え際を染めてもらって「七三分け」にし、耳元をスッキリ見せた。

フェイシャルのお手入れをし、ボサボサの眉毛もスッキリ整え、爪の手入れもしていただいた。

すると、エステ終了後には、確実に五歳以上、若返り、爽やかに変身したO氏がいた。

クールビズでもパリッとしている人、だらしない人

ここで、クールビズスタイルの着こなしについてまとめておきたい。

クールビズスタイルは、「ジャケットとパンツ、ノーネクタイでもＯＫ」とされている。ジャケット着用が義務ではない職場も多くなったが、初めての訪問先や打ち合わせ等で人前に出る時は、ジャケットを持たずに行くのは失礼とされる。

クールビズというと、「いつものスーツのジャケットを脱いで、ネクタイを外す」という人も増えているが、ジャケットを着ずにスーツのパンツだけをはいていると、ジャケットとパンツの傷みに差が出てきて、秋冬になってセットで着た時に、情けない印象になってしまう。

最近は、通気性がよく接触冷感のものや、ストレッチの利いたジャケットも多く出回り、選択の幅も広がっている。ぜひ、クールビズ用のジャケットとパンツを用意してほしい。

⚜ クールビズの「基本形」をマスターする

クールビズの基本形は、**「ジャケット＋ボタンダウンシャツ、またはスナップダウンシャツ＋ウールパンツ」**である。

よりカジュアルでおしゃれな印象を与えたいのであれば、**「ジャケット＋クレリックシャツ（もしくはカッタウェイシャツ）＋コットンパンツ」**という組み合わせになる。

カッタウェイシャツとは、衿がほぼ水平にカットされたもので、第一、第二ボタンを開けて着た時に、胸元が綺麗にオープンする。

クールビズの装いは「シャツの選び方がすべて」と言ってもいいほどシャツが重要だ。普通のワイシャツを着ているだけでは、だらしない印象になってしまうので、ボタンダウンなど、必ず衿がピシッと立つタイプのものを選ぶこと。
首が太くて短い、首が長いなど、体型に特徴がある人は、特に注意して選んでほしい。選び方のポイントは五章で詳述したとおりである。

ジャケットの色は、堅めの職場の方であれば、ネイビーがお勧めだ。パンツの色はグレーのウールパンツにすればカジュアルになりすぎない。

これに白シャツと、必要であればネクタイを合わせれば、まず間違いはない。ニットタイは、あくまでも「クールビズにおいて最上級」なので、フォーマル度の高い場ではシルクのネクタイの方が、安心だろう。

また、ジャケットと同系色の淡いブルー系のシャツを着れば、爽やかな着こなしになる。また、シャツかネクタイと同系色のチーフをさしてもいい。ノータイの場合は、クレリックシャツもお勧めだ。

よりカジュアルな印象を与えたければ、ベージュのジャケットも涼しげでよいだろう。パンツはサンドベージュ、アイボリー、ネイビーなどが合う。

⚜「紺ジャケ」と「ブレザー」の違い

服飾的には、「ジャケット」とは「袖のついた上着」の総称である。コートのように身丈の長いものから、スーツの上着のように短いものまで種類は様々だが、すべて「ジャケット」に分類される。

一方で「ブレザー」とは、主に「テーラード衿」の上着のこと。色は黒・ネイビー系統が主流で、制服に使われることが多い。

「ブレザー」の定義として、「金属製のボタン」や「左胸ポケットに自分が所属するクラブなどのエンブレムがついていること」などが挙げられる。だが、最近ではそのような特徴のないテーラード衿の上着も「ブレザー」と呼ばれることがある。

ブレザーは、ジャケットよりカジュアルな印象を与えるので要注意だ。

ブレザーはスポーツの社交の場での正装で、ゴルフのクラブハウスなどで「ジャケット着用」の指定がある場合などに着ていくものと覚えておいてほしい。

「その場にふさわしい服装ができる」という教養

ビジネスでは、「何を着ていけばよいのか」と悩むシーンが少なからずあると思う。

たとえば、大事な接待やレセプション、プレゼン、講演など、服装について気を遣うべき様々なシーンがあり、**その場にふさわしい装いをするには、知識と教養が求められる**。

そんな時、ファッション雑誌や、ネット上に乱立するメンズファッションの情報サイトを見ても、「情報量ばかりが増えて、何が正解なのかわかりにくい」というのが現状だろう。

専門家の私から見ても、「?」となるような記事や情報が多いのが現実だ。

その理由は、「ファッションは感性」という、衣服を売るための「都合のよい解釈」が一般化したためである。

繰り返すが、衣服には歴史があり、特に男性の服装ルールの基本は、現在も大きな変化はない。それに立脚して設けられているのが**「ドレスコード」**で、世界共通の服飾マナーでもある。

六つ星以上のホテルのレストランでは、ドレスコードをＨＰで記載しているところもあるので気をつけてほしい。

たとえば、**「フォーマル」**とは、正礼装のこと。昼であれば**モーニングコート**、夜であれば**タキシード**や**テールコート**（燕尾服）という装いだ。格式の高い結婚式で、新郎や新郎新婦の父親が着用するものと言えばわかりやすいだろう。授賞式や叙勲《じょくん》などの場でも着用される。

「セミフォーマル」とは、準礼装のことで、**「ディレクターズスーツ」**や**「ブラックスーツ」**のこと。「ディレクターズスーツ」は結婚式での新郎はもちろん、昼間の式典や慶事などでワンランク上の装いになる礼装だ。

「ブラックスーツ」には礼服用とビジネス用があり、それぞれ用途が異なっている。礼服用のブラックスーツは「ブラックフォーマル」とも呼ばれ、光沢のない真っ黒な生地で、シルエットも昔ながらのオーソドックスなものになる。ビジネススーツの黒とは色が異なり、室内ではわからなくても太陽光の下では違いがわかる。

また、ビジネス用のブラックスーツは、生地やその織り方、ジャケットの長さなどが現代的につくられている。

⚜「平服でお越しください」——何を着ていけばよいのか

フォーマルやセミフォーマルなどは、ホテルの貸衣装、あるいは百貨店のメンズ「フォーマル」売り場に行けば、専門のスタッフがいるので、場違いにならない服装を用意できるだろう。

では、**「平服でお越しください」**と指定があった場合、何を着ていけばよいのだろうか。結婚式やパーティなどで、こうした指定の招待状をいただくこともあるだろう。

このような時は、**インフォーマル**（略礼装）にあたる**「ダークスーツ」**か**「ブラッ**

クスーツ」を着て出向けばよい。

「ダークスーツ」とは、ダークネイビーやダークグレーの無地のスーツのこと。ビジネスはもちろん、様々な場面で使える。立食パーティの招待状に「平服でお越しください」と書かれていたら、ダークスーツ、もしくはブラックスーツ（ビジネス用）を着ていけば間違いはない。

また、最近ではホテルのディナー、カジュアルなパーティなどの「ドレスコード」として**「スマートカジュアル」**の指定が増えている。

これは、「ジャケット、パンツ、ノーネクタイでも可」という意味で使用されている。ただし、「だらしなく見えないこと」が大前提。「綺麗に見えるカジュアル」を基本にすること。

ジャケットは、基本のテーラードジャケット。パンツはウールやチノ素材のもの。最近はダークネイビーのデニムや、細身で綺麗めのデニムはOKというケースも増えてきているが、デニムを着用する際には、シャツやネクタイ、革靴など、他のアイテムでカジュアルダウンを防ぐよう配慮すること。

こうした「ドレスコード」を知っていれば、急なパーティやディナーでも慌てることがないだろう。

⚜「プライベートシーン」でのお勧めスタイル

プライベートの装いについても、簡単にまとめておきたい。

休日に着用するジャケットは、ブレザー系がよいだろう。

そして私がぜひ、休日の装いのために購入してほしいと思うアイテムがある。

それは、**「セオリー」の白Tシャツ、「Gym Andrion」**。

通常の白Tシャツよりも高級な糸を使い、肉厚、ストレッチ素材である。肌がすけることもない。一枚一万円するが、**大人のカジュアルスタイルが決まる優れもの**である。

ネイビーのブレザーにセオリーの白Tシャツ、ベージュのチノパンを合わせれば、まず間違いがないだろう。

その他、クールビズ用のジャケパンにボタンダウンシャツか良質のTシャツという服装もいい。特に、お子さんの授業参観に出向く時などに最適の装いになるだろう。

三十代の若い父親であれば、ジャケットかブレザーにジーンズという装いも若々しく好印象だろう。ただ、この場合のジーンズは、穴があいているようなものではなく、オフホワイトなどのカラージーンズをセレクトし、清潔感のあるコーディネートで落ち着きある大人のスタイルを目指してほしい。

Column
「何を着るか」は、相手への礼節&リスペクト

以前、東京のFM放送局、「J-WAVE」のラジオ番組で、ジョン・カビラ氏と対談したことがある。番組の中で、

「ファッションとは、相手への礼節であり、敬意を示すということなのです」

とお話しすると、

「つまり、**今日会う相手へのリスペクト**ですね」

と、素晴らしい解釈をいただいた。


戦後の高度成長期のころには、「仕事に行くには、とりあえず、無難なスーツを着ていればよい」という考え方が一般的だった。

その後、経済発展と共に多くのメンズファッション誌が刊行され、「とりあえずスーツ」から「好印象を与えるスーツを着なくては」という意識の変化があっ

た。

そうした影響もあってか、「好印象＝おしゃれ、センス、流行」と勘違いしているビジネスファッションの男性が、近年、多く見られる。

先日、知り合いのイギリス人が来日した際に、

「テレビに映る専門家や一部のビジネスパーソンは、なぜ昼間からパフドスタイルの派手なチーフをするのですか？」

という質問を受けた。パフドスタイルとは、日常使いしやすいカジュアルなチーフのさし方なのだが、ビジネスの場ではNGとされているものだ。

日本のスーツの今日に至る経緯を説明すると、彼は、「派手とおしゃれを勘違いしているのですね」と、うなずいた。

グローバル化の中にある二十一世紀の今、人種・職種を問わず、

「いかにスーツを着こなすかは、ビジネスパーソンの教養の一部」

と見なされるといって過言ではない。

ヨーロッパの一流ホテルに泊まると、上流階級の家族は父親がジャケットを着ているのは当然として、小さな子供もブレザーを着ていることに気づかされる。ヨーロッパの子供たちは、日曜日にブレザーを着て教会のミサに行く習慣があり、幼いころからジャケットに慣れ親しんでいる。家族との会話の中で、自然と「何を着るべきか」を身につけていくのだ。

だから、大人になってから「何を着ればよいのだろう」と悩むことはなく、当たり前のように、シチュエーションにふさわしい服装ができるのだ。

大人の男の「ドレスコード」の基本は、タキシード、スーツとジャケットだ。「スマートカジュアル」と指定がある場合、それは男性のドレススタイルの中で最もカジュアル度の高い「ジャケパン」になる。

ホテルやイベント主催者は、お客さまを困らせても仕方がなく、最低限でも会場の雰囲気を維持できればよいので「〜でなければ大丈夫です」といった言い方をする。

しかし、「スマートカジュアル」と指定された時には、さらりとジャケパンを着こなしていけるのが、大人の男性である。

これは、海外の六つ星以上のリゾートホテルにチェックインする時も同じ。どんなに暑い国であっても、Tシャツにサンダル姿は避けてほしい。

「装い」の根底には、国籍を問わず、今もなお、「自分の職業や地位にふさわしい装いであること、相手に失礼がないこと」という精神が受け継がれている。

「一目で何者かがわかる」

「場にふさわしい服装をビジネスツールとして使う」とは、スーツ発祥の時から永遠に続く「普遍のルール」でもある。

「好印象、おしゃれ、流行、センス」という曖昧な基準ではなく、スーツ選びの根底には、節度とルールが潜んでいる。

それは、他者と接するビジネスの場での装いに「相手への礼節&リスペクトを込める」ということなのだ。

あとがき……ファッションとは「学問」である

この本でお伝えする「服飾戦略」は、産業デザイン、ブランド戦略、ファッションといった様々な学びと経験をもとに、四十年近くファッション業界に身を置いてきた私だからこそ、お伝えできるメソッドだ。

実践者の九八%は、ビジネスでの評価が上がり、仕事が増え、収入が上がり、人望も信頼も手にしている。

なぜ、そんなことが起きるのか?

それは、**「ファッションはデザインであり、認知心理学であり、学問」**だからだ。

学問とは学びである。算数を習えば誰もが掛け算ができるようになるのと同じく、ファッションを学問として理解することで、誰もが迷わず洋服選びができるようになる。つまり、ファッションの持つ「知恵」と「力」を使えるようになる。


「すべての美には数式が潜む」

「形を認識し、透視図面的視点でモノの本質を視《み》る」

「デザインとは、問題解決のために思惟《しい》すること」

「こうなりたいと意図することがデザインであり、その姿を仮想、構想することがデザインの役割である」

これらは、高校の産業デザイン科で徹底的に叩き込まれた「デザイナー」としての哲学だった。

卒業後、松下通信の研究開発部で仕事をしてきた私が、アパレル業界に転職した初日に言われたのは、

「デザインの定義は何かって？　ダサいわね〜。ファッションは感性っていうか、フィーリングなのよ‼」

という信じがたい一言だった。

Epilogue

ファッションとは「学問」である

「複雑な図面」は「単純な人体型紙」に、「問題解決のためのデザイン」は「時代の気分を表わす服のデザイン」に変わった。

そう理解することで、私はファッション業界でのキャリアをスタートさせた。そして、デザイナー、ファッション・プロデューサーとして多くのブランドを立ち上げ、ブランディング戦略や販売戦略に関わってきた。

そのかたわら、仕事と向き合う中で常に念頭に置いていたのは「ファッションの根幹をなすのはデザインという学問であり、認知心理学である」ということ。「感性やフィーリング」という曖昧な解釈ではなく、ファッションを学問として見直し、理論立てて説明できる人材教育をしなくてはならない。

そんな思いから、ファッション業界の意識改革のために「服飾戦略」を開発し、これまで延べ八万五千人のアパレル販売員、スタイリストの育成をしてきた。

現在は、その経験を活かし、「人もブランド化の時代」という概念のもと、

「中身を磨いているのになぜか結果が出ない人」

「相手に自分の存在をうまくアピールできない人」

「メディアに出ることの多い専門家、著者、経営者、政治家」を対象とした個人ブランディングのコンサルティングや、企業や団体向けの「服飾戦略セミナー」を手掛けている。

二〇一六年の夏には「毎日身に着ける洋服なのに、学校で学ばなかったファッションの基礎基本」を「大人の服育」として広めるべく、「一般社団法人ファッションエデュケーション協会」を設立した。

この協会では、衣服に宿る知恵とパワーを学問として学び、有効活用するための方法として「服飾戦略講座」や「大人の服育セミナー」を行なっている。

先日、関西で開催した教育関係者向けの「大人の服育セミナー」では、

「こんなに大切な『洋服の基本的なこと』を学ぶ機会がなかったことが不思議です」

「装いを変えた翌日から、職場の人の反応がよくなりました」

「人は中身と思っていましたが、見た目を変えたら他人からの評価が変わりました」

とうれしい声やメールが届き、多くの反響と要望の声に応えるべく、半月後には東

京開催も決定した。

自信を持って断言するが、服飾戦略を正しく実行すれば、あらゆる扉を開くことができるし、望む未来を引き寄せることもできる。

つまり、衣服に宿る知恵とパワーを有効活用し、見た目を変えることでチャンスを引き寄せたグリム童話の「シンデレラ」のように、服装によってまわりからの認知が変わり、評価が変わる。その効果は、計り知れないほど豊かなのだ。

ビジネスを有利に運ぶ服選びの基準を「ファッションという学問」として学び、「装いの持つパワーと知恵」を有能な執事としてほしい。

この本が、あなたの望む未来を手にするための一助となることを心から願います。

服飾戦略講座の会場で、あなたにお目にかかれる日を心待ちにしています。

しぎはらひろ子

【参考文献】

『風俗研究』（バルザック、山田登世子＝訳、藤原書店）、『スーツの神話』（中野香織、文春新書）、『ダンディズムの系譜―男が憧れた男たち』（中野香織、新潮選書）、『男の服装術―「選ぶ」「着る」「履く」「結ぶ」の基本教えます。』（落合正勝、はまの出版）、『〈新版〉男の服装術スーツの着こなしから靴の手入れまで』（落合正勝、PHP研究所）、『ハーディ・エイミスのイギリスの紳士服』（ハーディ・エイミス、森秀樹＝訳、大修館書店）、『アラン・フラッサーの正統服装論』（アラン・フラッサー、水野ひな子＝訳、ハースト婦人画報社）、『服部晋の「洋服の話」』（服部晋、小学館）、『国際儀礼とエチケット』（友田二郎、学生社）、『メンズウェア100年史』（キャリー・ブラックマン、スペースシャワーネットワーク）、『ファッション辞典』（深井晃子＝監修、文化出版局）、『メンズファッション大全』（吉村誠一、繊研新聞社）

【参考ホームページ】

Harper's BAZAAR ホームページ「あなたのスタイルを輝かせる、ファッション名言50」
(http://harpersbazaar.jp/fashion/famous-words-of-fashions-greatest)

「成功《せいこう》している男《おとこ》」の服飾戦略《プレゼンス・マネジメント》

著　者――しぎはらひろ子（しぎはら・ひろこ）

発行者――押鐘太陽

発行所――株式会社三笠書房

〒102-0072 東京都千代田区飯田橋3-3-1
電話：(03)5226-5734（営業部）
：(03)5226-5731（編集部）
http://www.mikasashobo.co.jp

印　刷――誠宏印刷

製　本――若林製本工場

編集責任者　長澤義文
ISBN978-4-8379-2658-0 C0030